典册琳琅

上海图书馆
历史文献典藏图录

上海图书馆　编

上海古籍出版社

典册琳琅

上海图书馆历史文献典藏图录

编辑委员会

前　言

上海图书馆文献典藏的历程是新中国图书馆事业发展的历史缩影。六十年来，在政府和社会各界的支持下，馆藏文献从建馆初期的70万册到如今的5 200万册 / 件，其数量的连年递增，正是几代图书馆工作者始终不渝、再接再厉坚持不懈的努力结果。尤其是历史文献，以丰富性、珍稀性、独特性构筑了上海图书馆藏书个性鲜明的文化格局与精神气象，使我馆成为海内外最重要的藏书重镇之一。

上海图书馆所藏历史文献种类丰富，精品琳琅，包括古籍、碑帖、尺牍、档案、舆图、手稿、近现代中外文图书报刊以及年画、历史原照、戏曲与电影说明书等多种类型。目前，本馆所藏古籍达170余万册，其宋刊元椠、明雕清刻，皆精彩纷呈，其中稿抄本、地方志、家谱均是蔚为大观的专藏，计有稿本3 000余种、抄本10 000余种、地方志5 400余种，而近十余年引人关注的中国家谱原件总数达2万种、20余万册，居于世界各馆藏之首。碑帖也是称富海内的大宗收藏，经十余年来的辛勤编目，庋藏登录总量已达25万余件，冠甲东南。其中善本碑帖2 182种，属国家一、二级文物者200余种，内含宋元拓本100余种，海内孤本8种。明清两朝及近代的名家尺牍藏量也是首屈一指，近12万件。近年来经专题汇集整理，一批名家书翰原件经影印出版，深受学界欢迎。近代名人档案专藏也是闻名国内图书馆的一大特色，计有李鸿章、盛宣怀、唐绍仪、熊希龄等近代政要的原始档案20余万件，是近代史研究的重要文献宝库。历时十年，本馆完成了盛宣怀档案编目与全文数字化，成为海内外最受关注的近代名人档案数据库之一，为相关学术研究提供了大量珍贵史料。

上海是中国近现代重要的文化中心，也是近现代新闻出版业的重镇，在此得天独厚的历史环境之下，上海图书馆的近现代出版物收藏非常丰富，位列国内前茅，所藏文献具有来源广，专业性强；品种全，结构性好；精品多，完整性佳的特点。民国时期图书达10万余种，40余万册，中文报纸3 543种，中文期刊18 508种。在这数量庞大的文献之中，不乏珍贵的初版本、题跋本、签名本、伪装本、限印本等珍稀书刊。保存完整的《申报》等一批名刊大报被国内各大出版社陆续影印出版，大量书刊被收入各种文献丛刊汇编重印，使本馆成为近现代文献化一为百的主要“母本”中心，惠及天下读者。革命文献作为本馆近现代文献特藏之一，于2011年正式完成了编目整理工作，这批专藏共有6 700余种，15 000余册，其中部分珍贵书刊是见证中国革命历史发展的重要实物。

在馆藏近现代文献中，还包括一批形式多样具有上海地方特色的文献，如上海小校场年画、月份牌、历史原照、戏曲与电影说明书、合同等，这些实物均是当时社会生活具体而生动的写照，其独特的资料性日益受到人们的关注，随着本馆研究整理工作的开展，上述资料已陆续出版发布，被学界利用。

上海也是中外文化交流的中心，质优量多的馆藏外文书刊为我们演绎了东西方文明在此东渐西传、相互融汇的壮丽图景。这里有中国最丰富的西方汉学文献专藏，有填补上海空白的欧洲“摇篮本”，有中国保存最完整的英文《北华捷报》及《字林西报》。上海图书馆的外文历史文献以其独特的文献价值吸引了中外学者纷至沓来，在徐家汇藏书楼探赜索隐，遥看东西。

上海图书馆所藏一万余幅旧舆图中最具特色的是上海近现代城市历史地图。它折射了上海城市的沿革与发展步伐，展现了地图绘制的变迁与进步。曾经出版的馆藏上海老地图，不仅成为人们怀旧的指南，也是一份难得的藏品，令人遐想前人走过的历史足迹。

上海图书馆的手稿收藏传统上继合众图书馆时期的明清手稿与尺牍，下续20世纪50年代至今的现当代文化名人手稿，其收藏时间跨度之大、数量之多、质量之优，在国内图书馆中也是绝无仅有。本馆的中国文化名人手稿馆所藏作家、艺术家、学者等人的各类著作稿、书信、日记、笔记等近6万件，是上海图书馆近年来深有社会影响力的特色专藏。通过手稿的出版与展览，我们从逐渐隐匿的文字背影中，回望往日的文坛风景。

上海图书馆是我国率先收藏当代藏书票的大型图书馆，在这形式独特的寸纸之上，不仅记录了藏书文化的绚丽诗章，而且谱写了图书馆收藏的新篇。

今年适逢上海图书馆建馆60周年。在这一个甲子的风雨征程中，上海图书馆的几代同仁以交汇东西文化、维系古今文明的历史文献，展现了人类知识演进的浩瀚长卷。六十年馆藏，不仅汇萃了前人的文化遗产，而且凝聚了我们的历史期待，在图书馆一个甲子的年轮上，镌刻了我们积淀文化的足迹，洋溢着我们传承文明的使命。

我们在此接力，我们还要传递。

上海图书馆

二〇一二年六月

凡　例

一　本书是上海图书馆2012年馆藏文献年度精品展的图录，完整收录了“典册琳琅——庆贺上海图书馆建馆60周年文献特展”的各类文献。

二　本书所收文献均为本馆历史文献中心所藏，由编辑组成员按类别选取，共60件(组)。

三　本书所收文献根据本馆的收藏特点，以珍稀性、标志性、唯一性、地方性为选录原则，力求综合性地揭示馆藏各类历史文献精品。

四　本书所列类别根据上海图书馆历史文献的类型和专藏设立，将古籍、碑帖、尺牍、档案、近代文献、革命文献、舆图、外文文献、名人手稿、藏书票十个部分分别命名。在古籍和近代文献两个大类之下按专类排序。

五　“古籍菁华”所收文献，以版本类型和专类收藏相结合排列，包括抄本、稿本、刻本、钤印本、活字印本、家谱、地方志，予以并行单列，以展示专藏特色。“近代特藏”之下的小类也是按本馆收藏惯例和文献特征分列。

目　录

革命文献

舆图拾贝

外文撷英

手稿遗珠

书票珍藏

古籍菁華

Ancient Books

說法令无數千人皆發阿耨多羅三藐三菩
提心
弟子品弟三
尒時長者維摩詰自念寢疾于牀世尊大慈
寧不垂愍佛知其意即告舍利弗汝行詣維
摩詰問疾舍利弗白佛言世尊我不堪任詣
彼問疾所以者何憶念我昔曾於林中宴坐
樹下時維摩詰來謂我言唯舍利弗不必是
坐為宴坐也夫宴坐者不於三界現身意
是為宴坐不起滅定而現諸威儀是為宴坐
不捨道法而現凡夫事是為宴坐心不住內
亦不在外是為宴坐於諸見不動而脩行卅
七品是為宴坐不斷煩惱而入涅槃是為宴
若能如是坐者佛所印可時我世尊聞是語
嘿而止不能加報故我不任詣彼問疾
佛告大目揵連汝行詣維摩詰問疾目連白
佛言世尊我不堪任詣彼問疾所以者何憶
念我昔入毗耶離大城於里巷中為諸居士
說法時維摩詰來謂我言唯大目連為白衣
居士說法不當如仁者所說夫說法者當如
法說法无眾生離眾生垢故法无有我離我
垢故法无壽命離生死故法无有人前後際
斷故法常寂然滅諸相故法離於相无所緣
故法无名字言語斷故法无有說離覺觀故
法无形相如虛空故法无戲論畢竟空故法
无我所離我所故法无分別離諸識故法无
有比无相待故法不屬因不在緣故法同法
性入諸法故法隨於如无所隨故法住實際
諸邊不動故法无動搖不依六塵故法无去
來常不住故法順空隨无相應无作法離好
醜法无增損法无生滅法无所歸法過眼耳
鼻舌身心法无高下法常住不動法離一切觀
行唯大目連法相如是豈可說乎夫說法者
无說无示其聽法者无聞无得譬如幻士為
幻人說法當建是意而為說法當了眾生根

賢聖不增惡人起調伏心以出家法起於深
心以如說行起於多聞以无諍法起空閑處
趣向佛慧起於宴坐解眾生縛起脩行地以
具相好淨佛土起福德業知一切眾生心
念如應說法起於智業知一切法不取不捨
入一相門起於慧業斷一切煩惱一切鄣閡
一切不善法起一切善業以得一切智慧一
切善法起於一切助佛道法如是善男子是
為法施之會若菩薩住是法施會者為大施
主亦為一切世間福田世尊維摩詰說是法
時婆羅門眾中二百人皆發阿耨多羅三藐
三菩提心我時心得清淨歎未曾有稽首禮
維摩詰足即解瓔珞貫直百千以上之不肯
取我言居士願必納受隨意所與維摩詰乃
受瓔珞分作二分持一分施此會中一最下
乞人持一分奉彼難勝如來一切眾會皆見
光明國土難勝如來又見珠瓔在彼佛上變
成四柱寶臺四面嚴飾不相鄣蔽時維摩詰
現神變已作是言若施主等心施一最下乞
人猶如如來福田之相无所分別等于大悲
不求果報是則名曰具足法施城中一最下
乞人見是神力聞其所說皆發阿耨多羅三
藐三菩提心故我不任詣彼問疾如是諸菩
薩各各向佛說其本緣稱述維摩詰所言皆
曰不任詣彼問疾

維摩詰經卷上

神龜元年歲次戊戌七月十三日經生張鳳鸞寫
用帋廿九張

《维摩诘经》

存上卷。北魏神龟元年（518）写本。卷子装。共384行，行17字，分19纸。首残缺，尾署“神龟元年岁次戊戌七月十三日经生张凤鸾写”。此为本馆最古藏品。

說法時維摩詰來謂我言唯大目連為白衣
居士說法不當如仁者所說夫說法者當如
法說法无衆生離衆生垢故法无有我離我
垢故法无壽命離生死故法无有人前後際
斷故法常寂然滅諸相故法離於相无所緣
故法无名字言語斷故法无有說離覺觀故
法无形相如虛空故法无戲論畢竟空故法
无我所離我所故法无分別離諸識故法无
有比无相待故法不屬因不在緣故法同法
性入諸法故法隨於如无所隨故法住實際
諸邊不動故法无動搖不依六塵故法无去

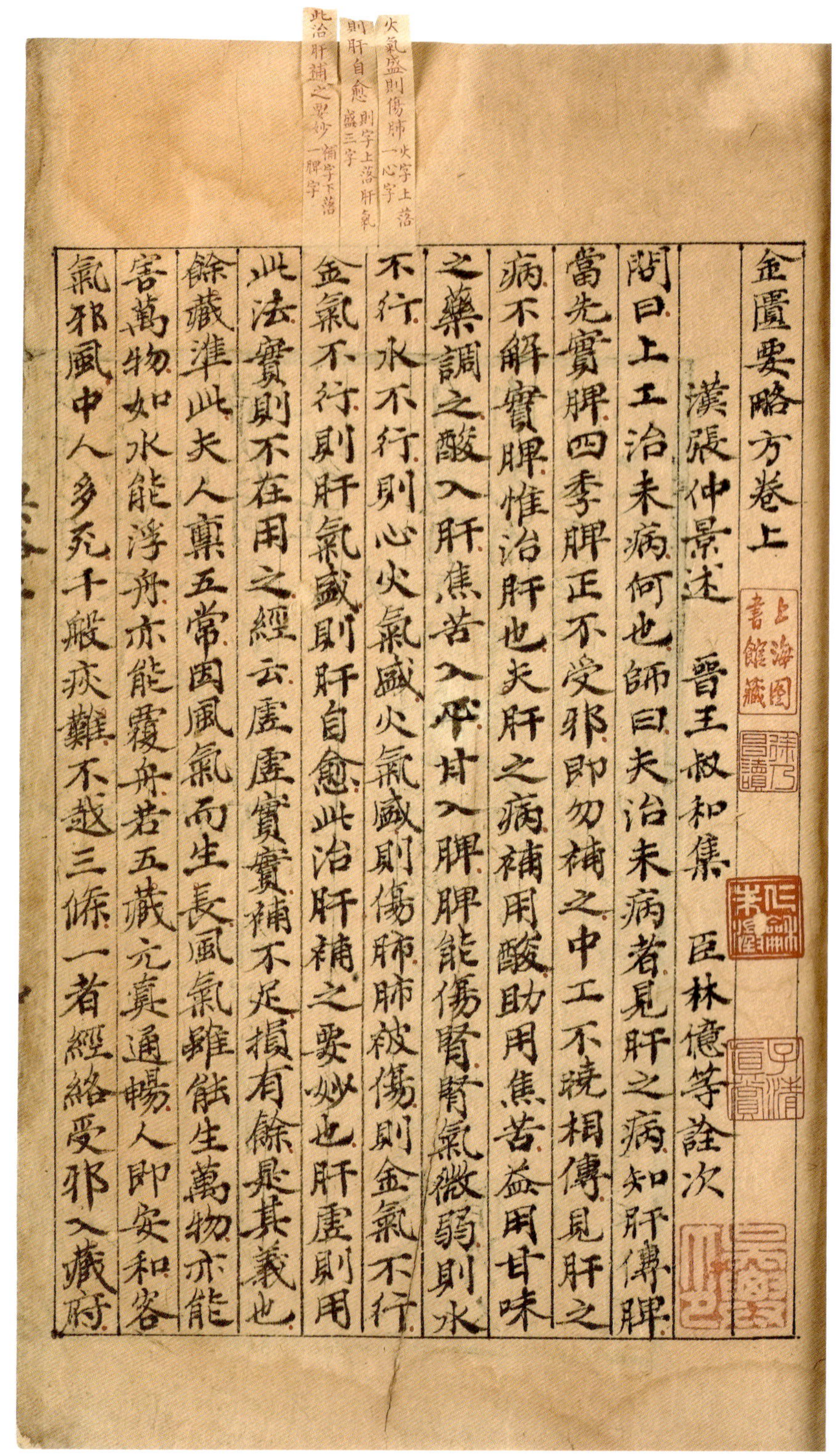

金匱要略方卷上

漢張仲景述　晉王叔和集　臣林億等詮次

問曰上工治未病何也師曰夫治未病者見肝之病知肝傳脾當先實脾四季脾正不受邪即勿補之中工不曉相傳見肝之病不解實脾惟治肝也夫肝之病補用酸助用焦苦益用甘味之藥調之酸入肝焦苦入心甘入脾脾能傷腎腎氣微弱則水不行水不行則心火氣盛火氣盛則傷肺肺被傷則金氣不行金氣不行則肝氣盛則肝自愈此治肝補之要妙也肝虛則用此法實則不在用之經云虛虛實實補不足損有餘是其義也餘藏準此夫人稟五常因風氣而生長風氣雖能生萬物亦能害萬物如水能浮舟亦能覆舟若五藏元真通暢人即安和客氣邪風中人多死千般疢難不越三條一者經絡受邪入藏府

火氣盛則傷肺 火字上落一心字
則肝自愈 則字上落肝氣盛三字
此治肝補之要妙 補字下落一脾字

《金匮要略方》

（汉）张机撰，（晋）王叔和辑，（宋）林亿诠次。明洪武二十八年（1395）吴迁抄本。是书源出北宋绍圣刻本，用宋元之际刻本纸背写。怡府旧藏，后归朱氏结一庐。有徐乃昌题识。

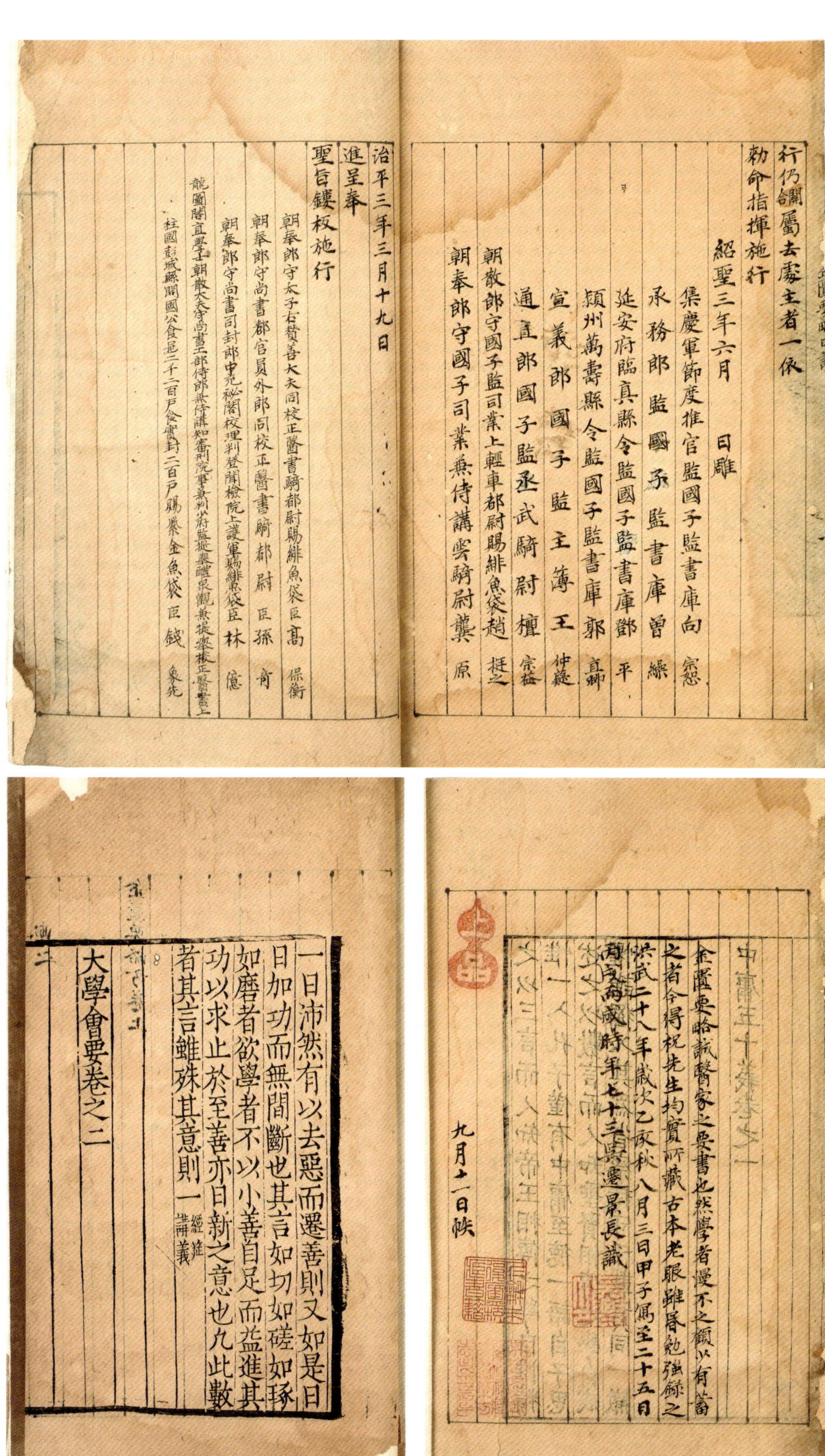

行仍謂屬去處主者一依
勑命指揮施行
紹聖三年六月　日雕
集慶軍節度推官監國子監書庫向　宗恕
承務郎監國子監書庫曾　絳
延安府臨真縣令監國子監書庫鄧　平
潁州萬壽縣令監國子監書庫郭　直卿
宣義郎國子監主簿王　仲薿
通直郎國子監丞武騎尉檀　宗益
朝散郎守國子監司業上輕車都尉賜緋魚袋趙　挺之
朝奉郎守國子司業兼侍講雲騎尉龔　原

治平三年三月十九日
進呈奉
聖旨鏤板施行
朝奉郎守太子右贊善大夫同校正醫書騎都尉賜緋魚袋臣高　保衡
朝奉郎守尚書都官員外郎同校正醫書騎都尉臣孫　奇
朝奉郎守尚書司封郎中充秘閣校理判登聞檢院上護軍賜緋魚袋臣林　億
龍圖閣直學士朝散大夫守尚書工部侍郎兼侍講知審刑院事兼判少府監提舉醴泉觀兼提舉校正醫書上
柱國彭城縣開國公食邑二千二百戶食實封二百戶賜紫金魚袋臣錢　象先

一日沛然有以去惡而遷善則又如是日
日加功而無間斷也其言如切如磋如琢
如磨者欲學者不以小善自足而益進其
功以求止於至善亦日新之意也凡此數
者其言雖殊其意則一 經筵講義
大學會要卷之二

金匱要略誠醫家之要書也然學者漫不之顧以有蓄
之者今得祝先生均實所藏古本老眼雖昏勉強錄之
洪武二十八年歲次乙亥秋八月三日甲子寫至二十五日
丙戌畢成時年七十三吳遷景長識
九月十一日帙

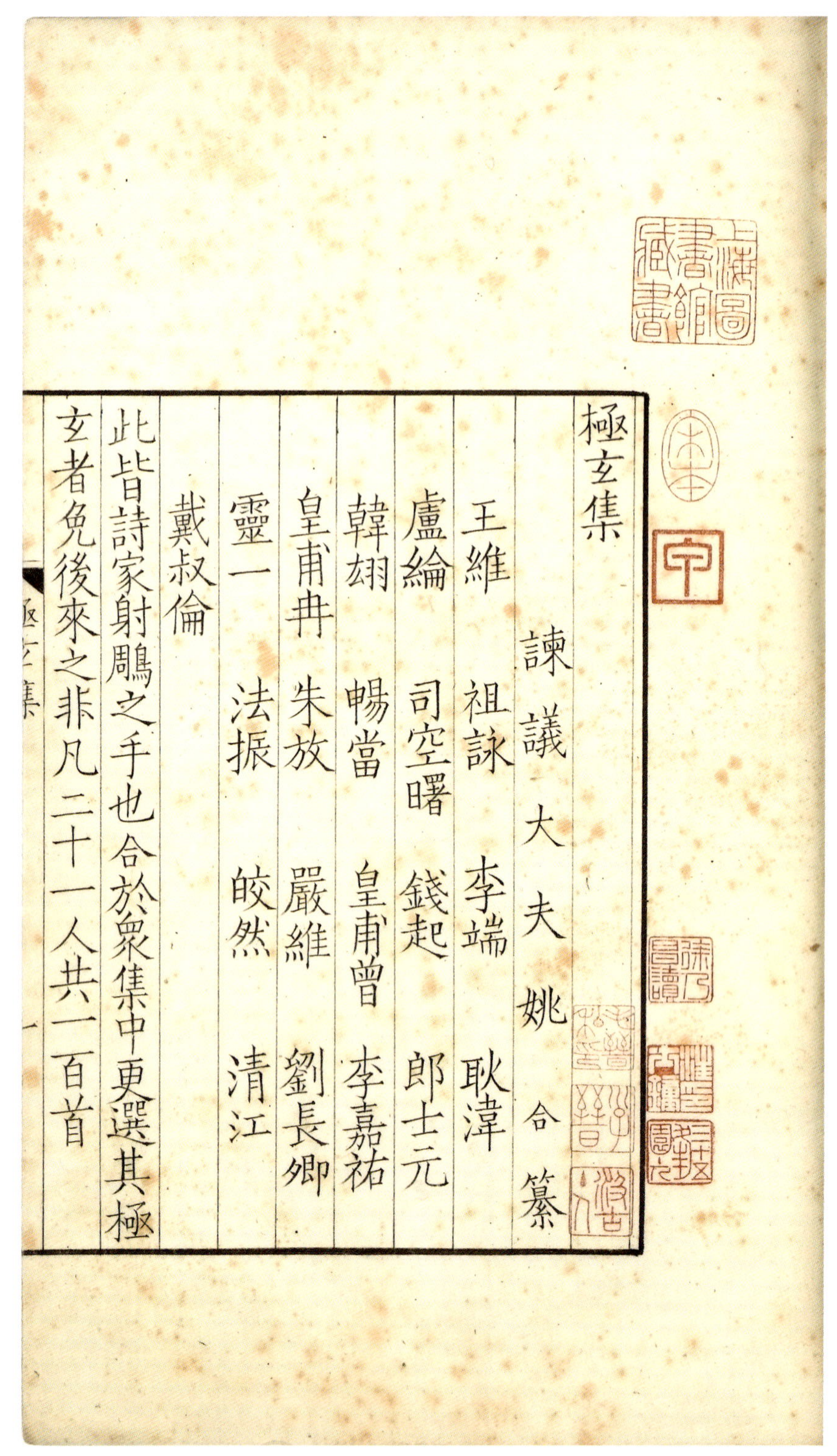

極玄集

諫議大夫姚合纂

王維　祖詠　李端　耿湋

盧綸　司空曙　錢起　郎士元

韓翃　暢當　皇甫曾　李嘉祐

皇甫冉　朱放　嚴維　劉長卿

靈一　法振　皎然　清江

戴叔倫

此皆詩家射鵰之手也合於衆集中更選其極玄者免後來之非凡二十一人共一百首

極玄集　一

《极玄集》

（唐）姚合辑。明毛氏汲古阁影宋抄本。是书宋刻本已佚，唯赖此帙以存原貌。汪氏艺芸书舍、朱氏结一庐递藏。

出穆陵關

廣陵送趙主簿

將歸汾水上遠自錦城來已泛西江盡仍隨北鴈回暮雲征馬速曉月故關開漸向庭闈近留君醉一盃

送謝夷甫宰鄞縣

君去方爲縣兵戈尚未銷邑中殘老小亂後少官僚廨宇經山火公田没海潮到時應變俗新政滿餘姚

極玄集終

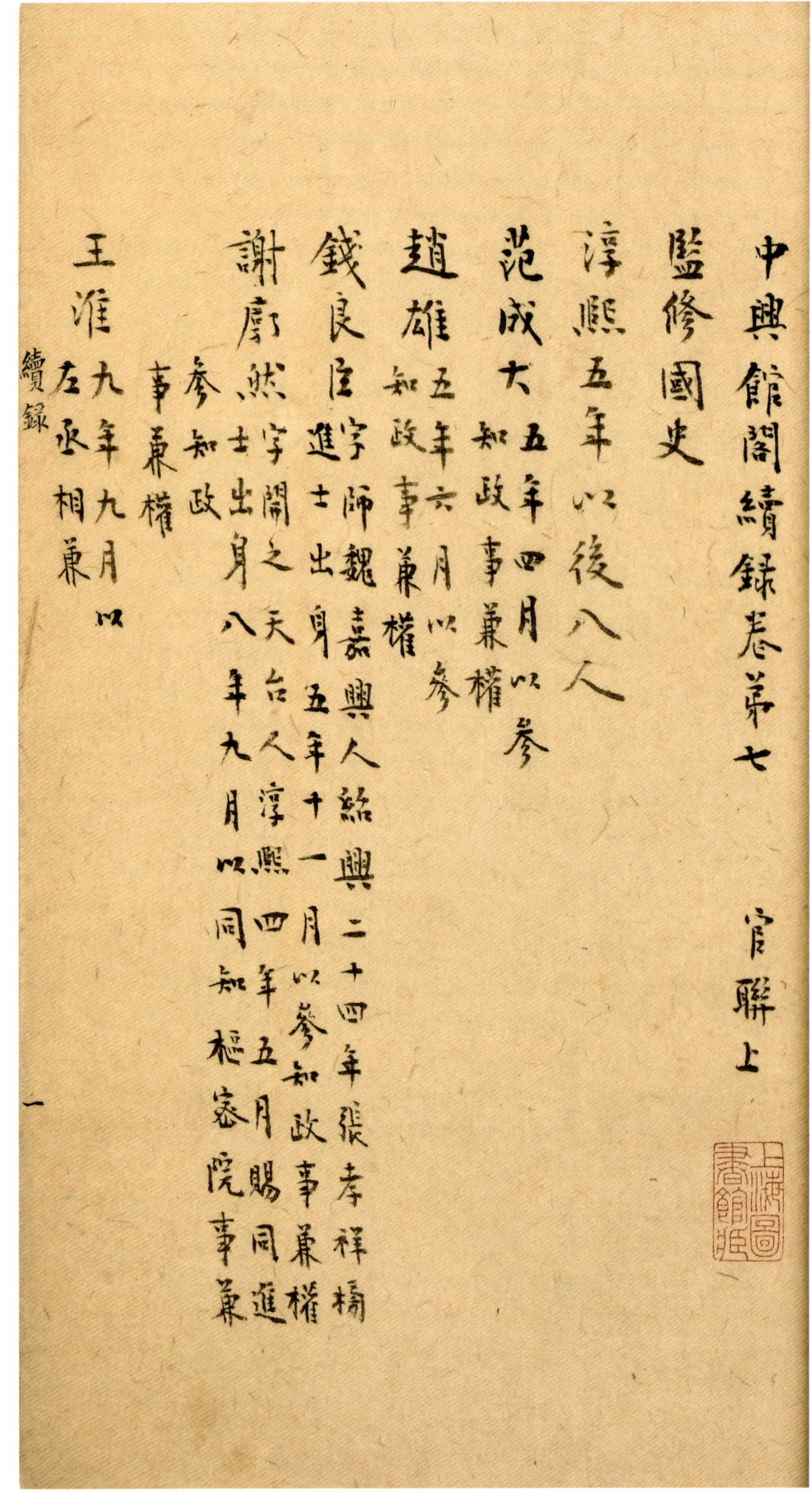

中興館閣續錄卷第七

官聯上

監修國史

淳熙五年以後八人

范成大五年四月以參知政事兼權

趙雄五年六月以參知政事兼權

錢良臣字師魏嘉興人紹興二十四年張孝祥榜進士出身五年十一月以參知政事兼權

謝廓然字開之天台人淳熙四年五月賜同進士出身八年九月以同知樞密院事兼參知政事兼權

王淮九年九月以左丞相兼

續錄 一

《中兴馆阁录》

（宋）陈骙撰，《续录》十卷，清钱氏潜研堂抄本（部分为钱大昕手抄）。有程祖庆、杨守敬、叶德辉、于省吾跋，余嘉锡批并跋。

中興館閣録十卷宋陳騤撰續録十卷無撰人姓
名唯卷大殘缺此抄本前録缺第一卷及録缺第
九卷以原宋本殘缺非抄者任脫也續録自第一卷
至第八卷前半皆錢竹汀先生手抄其以硃筆
校者則吴縣黄蕘圃也名賢手蹟深足寶
貴憶此書前年在上海醉六堂書店余曾見
之以索價稍昂未購當時匆匆閱過竟不知為

竹汀手抄蕘圃手校之本也今為碩卿所得出
以示余如寐初覺始歎伯樂一過冀北遂無良
馬未易言也近日浙中擬刻此書不知所據本
若何吾恐未能出此本上
光緒丙戌十二月十七日宜都楊守敬記

壬辰七月出都客滬上遇友人章碩卿大令壽康
渴別數月過從極歡因出此冊見贈余報以番蚨
肆拾元再三始受章君曾任湖北嘉魚為上官
某所忌鐫級去南北奔馳不復從事鉛槧甚
可惜也長沙葉德輝志

是書四庫所收更題南宋館閣録其闕卷六
永樂大典中補出非宋槧原帙也近世海內藏
書家大率均從閣本傳録聊城楊氏乃士禮居
舊藏極富而蕘翁題跋記中所稱宋槧九行
本者竟未傳出此雖寒貧中即得錢黄二
先生抄校亦可寶矣錢抄唯續録官聯上
五十餘葉官聯中十數葉及沿革五葉而
已蕘翁所校亦僅續録人未將宋本原
行鉤出校似未完然錢黄真蹟傳世最稀
不遇伯樂誰為增良馬之價耶此書得

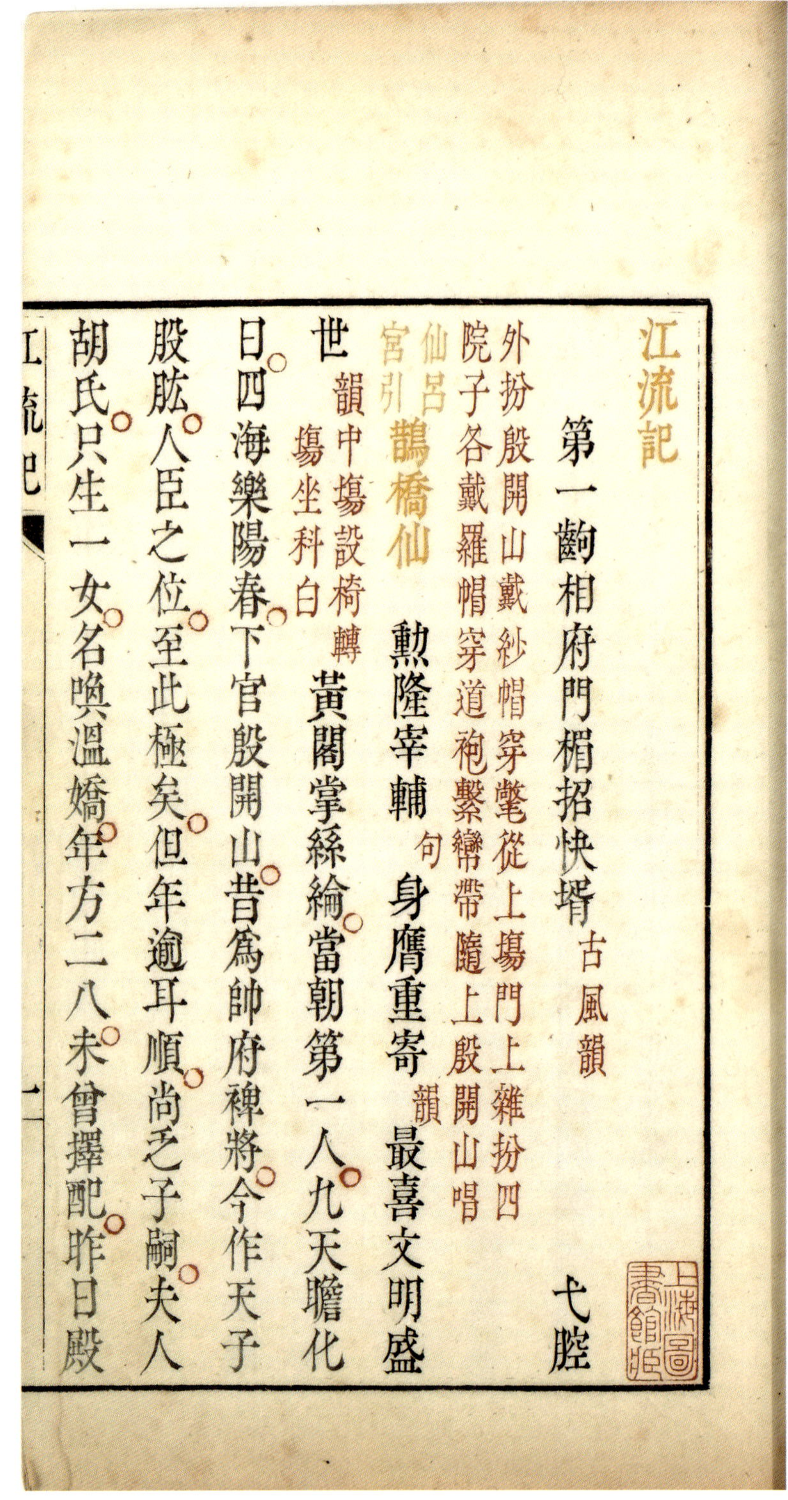

江流記

第一齣相府門楣招快婿 古風韻 弋腔

外扮殷開山戴紗帽穿蟒從上場門上雜扮四院子各戴羅帽穿道袍繫鑾帶隨上殷開山唱

仙呂宮引 鵲橋仙 勲隆宰輔 句 身膺重寄 韻 最喜文明盛世 韻 中場設椅轉場坐科白 黄閣掌絲綸當朝第一人九天瞻化日四海樂陽春下官殷開山昔為帥府裨將今作天子股肱人臣之位至此極矣但年逾耳順尚乏子嗣夫人胡氏只生一女名喚温嬌年方二八未曾擇配昨日殿

江流記 一

《江流记》《进瓜记》

清内府四色抄本。此为清乾隆间敕命张照制大内节戏院本，无别本流传。牌名用黄字，曲文用墨字，科白用绿字，场步注脚用红字，抄写极精。

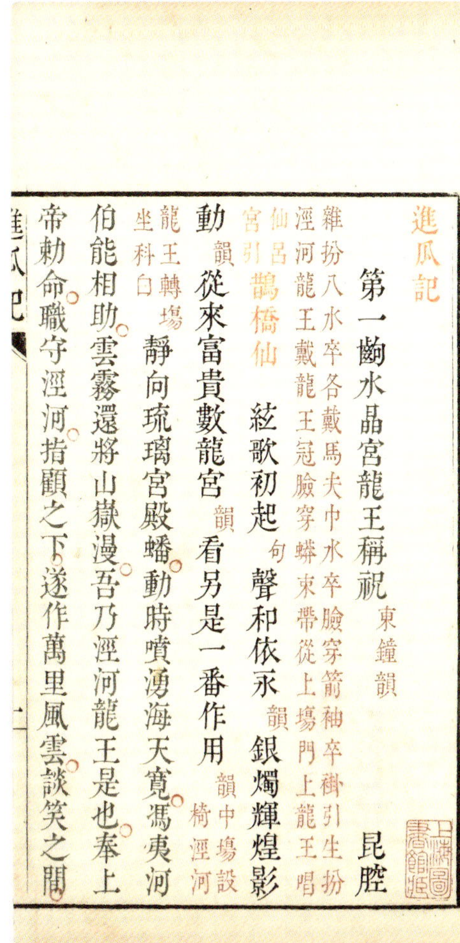

進瓜記

第一齣 水晶宮龍王稱祝 東鍾韻 崑腔

雜扮八水卒各戴馬夫巾水卒臉穿箭袖卒褂引生扮涇河龍王戴龍王冠臉穿蟒束帶從上場門上龍王唱

仙呂宮引 鵲橋仙 絃歌初起 句 聲和依永 韻 銀燭輝煌影動 韻 從來富貴數龍宮 韻 看另是一番作用 韻 中場設椅涇河龍王轉場坐科白 靜向琉璃宮殿蟠。動時噴湧海天寬。馮夷河伯能相助。雲霧還將山嶽漫。吾乃涇河龍王是也。奉上帝勅命。職守涇河。指顧之下。遂作萬里風雲。談笑之間。

《元郭髯手写日记》

（元）郭畀撰，手稿本。畀（1280-1335）字天锡，号祐之，别号北山，美须髯，人称郭髯，丹徒人。书法清劲秀逸，为世所宝。此本现存五十二叶，记事自至大元年八月二十七日至二年六月二十日，为本馆藏稿本中最早者。有翁方纲、周尔墉、崇恩跋。

[illegible]

[illegible]

蘭坡老弟中丞与予滯迹蒲坂，渠出晨夕几三載，餘此迹遂得飽觀，并手錄十餘帝藏諸筵，以修墨緣，顛行題眉，未及署款，今乃補書于京邸，計又三年矣。乙巳春禊日敔翁崇恩

郭天錫手書日記始於至大元年八月廿七日訖於二年十月三日，蓋前後有失去之葉也。攷倪元鎮題天錫畫詩在至正癸卯十二月，時距天錫之歿二十餘年，則至大之初正其壯歲筆也。天錫書派出於趙文敏，是時文敏年五十五居於家，是冊尚及與文敏及石民瞻諸人遊，遂其書清勁秀逸，純是趙法，通計四冊將三萬字，誠可寶也。近日厲樊榭僅錄其四之一，題曰客杭日記，鮑氏刻於知不足齋者乃又其節錄之本耳。安邑宋芝山孝廉持此見示，爲賦三詩：

來往西泠下若邊，蘷雲日日蘸湖煙。廨頭舫子人如玉，中酉初交至大年。

句曲仙翁亦趙書，試將髯也較何如。縱橫三萬銀鉤合，尚是鄱江未上初。

對榻無聞了即休，海門月湧大江流。盡收霞石疎篁影，何減蘇齋接唱酬。予齋中藏郭髯爲無聞上人作竹石卷，日昨寫此記於其卷後

乾隆五十九年歲在甲寅秋九月廿有四日北平翁方綱

咸豐四年八月朔日嘉禾周爾墉識 時客汴垣

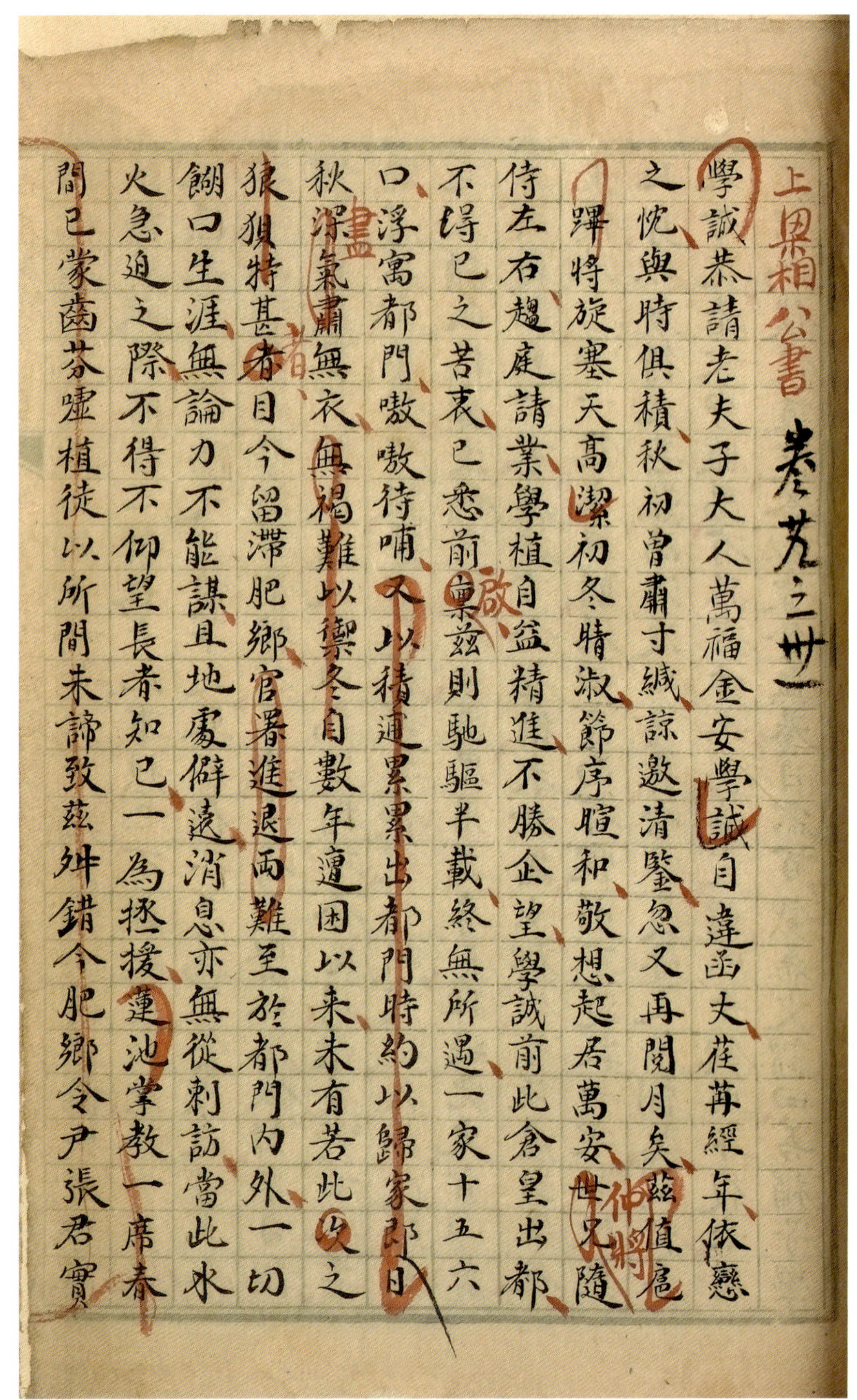

上畢相公書　卷茂之廿二

學誠恭請老夫子大人萬福金安學誠自違函丈荏苒經年依戀之忱與時俱積秋初曾肅寸緘諒邀清鑒忽又再閱月矣茲值扈蹕將旋塞天高潔初冬晴淑節序暄和敬想起居萬安世兄隨侍左右趨庭請業學植自益精進不勝企望學誠前此倉皇出都不得已之苦衷已悉前稟茲則馳驅半載終無所遇一家十五六口浮寓都門嗷嗷待哺又以積逋累累出都門時約以歸家即日秋深氣肅無衣無褐難以禦冬自數年遭困以來未有若此之狼狽特甚者目今留滯肥鄉官署進退兩難至於都門內外一切餬口生涯無論力不能謀且地處僻遠消息亦無從刺訪當此水火急迫之際不得不仰望長者知己一為拯援蓮池掌教一席春間已蒙齒芬嘘植徒以所聞未諦致茲舛錯今肥鄉令尹張君實

《章实斋稿》

（清）章学诚撰，稿本。学诚（1738–1801）字实斋，会稽人。乾隆四十三年进士，官国子监典籍。尝游朱筠之门，纵览群籍，于古今学术能条别而得其宗旨，立论多前人所未发。尤邃于史学，另著有《文史通义》等。此稿部份为手书初稿，部份为誊清之稿，多未刻入《实斋文集》。

婦學第三段第五行有礼加封四字之下以至泉水毖流句之
上尚應增入士師阨終柳下莫有誄文國殤魂返沙場楚辭
郊身男凡二十字謄清本時記補入

丁已歲暮書懷投贈賓谷轉運因以誌别
蟄苓兔絲杓，吴石魚桐扣。青霜豊鍾鏗，紫氣亘劍剖。龍虎變化風
雲從，天涯何處無遭逢。淄澠涇渭各自媚，大壑無我皆朝宗。東海
鯫生最蕭索，哀駘天選良非惡。孤情僻性真窮奇，乾坤莽莽懸瓠
落。少年隨衆逐辭場，十戰九北何郎當。秋風黄葉長安道，夜雨青
燈村學堂。長安米貴居不易，奉母將家困儔寄。摩擬潛消筆墨靈，
蹉跎暗折江河氣。掉頭十載京華春，蠖屈自詑亦有申。先茅連拔
自丁戊，文章遇合如通神。前後司衡矜薦剡，叠蒙
聖主春風領。佳話流傳播縉紳，風塵耳目爭睗睒。誰知管城肯相
屯，境遷事徃終沉淪。北堂萱謝南路絶，衣食奔走嗟艱辛。辛丑中
州尋舊雨，失比遂遭羣小侮。蘇秦遊困既喪資，蔡澤途窮更奪餔。
故人作宰肥子鄉，爲我休蔭停踉蹌。笙簧文酒劇歡會，歲暮風雪

今何如也

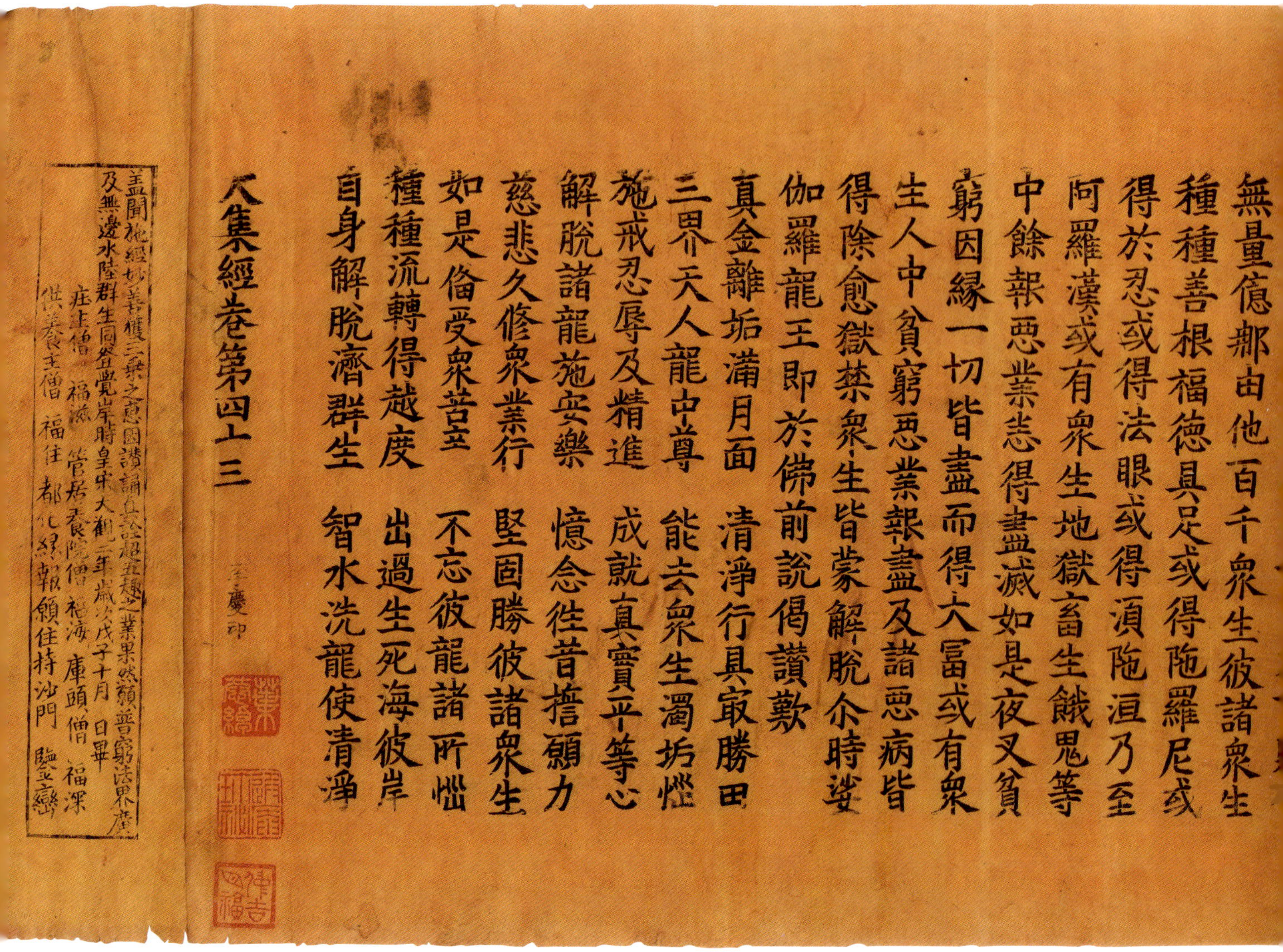

無量億那由他百千衆生彼諸衆生
種種善根福德具足或得陁羅尼或
得於忍或得法眼或得須陁洹乃至
阿羅漢或有衆生地獄畜生餓鬼等
中餘報惡業悉得盡滅如是夜叉貧
窮因緣一切皆盡而得大富或有衆
生人中貧窮惡業報盡及諸惡病皆
得除愈獄禁衆生皆蒙解脫尒時娑
伽羅龍王即於佛前說偈讚歎
真金離垢滿月面　清淨行具最勝田
三界天人龍中尊　能去衆生濁垢惱
施戒忍辱及精進　成就真實平等心
解脫諸龍施安樂　憶念往昔誓願力
慈悲久修衆業行　堅固勝彼諸衆生
如是備受衆苦惱　不忘彼龍諸所惱
種種流轉得越度　出過生死海彼岸
自身解脫濟群生　智水洗龍使清淨

大集經卷第四十三

《大方等大集经》

（隋）释那连提耶舍等译，北宋开宝间刻大观二年（1108）印本［存一卷　四十三］。此系《开宝藏》零种，以宋代官用文书黄麻纸刷印。叶恭绰旧藏。

大方等大集經卷第四十三

隋天竺三藏那連提耶舍譯

日藏分送使品第九

尒時娑伽羅龍王白光味菩薩言大德乃能憶念如是過去宿命劫中種種善業無量往事而不忘失及說虛空星宿照明安施法用悉皆了達一一無遺於三界中最尊最勝智慧第一更無能過是故彼龍并及我等如是方便得脫此獄離於苦惱憐愍衆生慈悲一切功德戒行及婆羅多莊嚴於心一切滿足是時光味語諸龍言我今非是佉羅虱吒苦行仙人亦復不能於虛空中置於星宿今我說者神通力知汝娑伽羅諸龍王等莫作是說我實不能然此佉羅虱吒仙人宿往因緣說猶未盡尒時帝釋及諸梵天各向佉羅虱吒仙人齊共合掌作如是言我等樂聞唯願更說我等梵天諸天中尊猶如大仙聖人中尊我諸天中有梵行者若放種種神

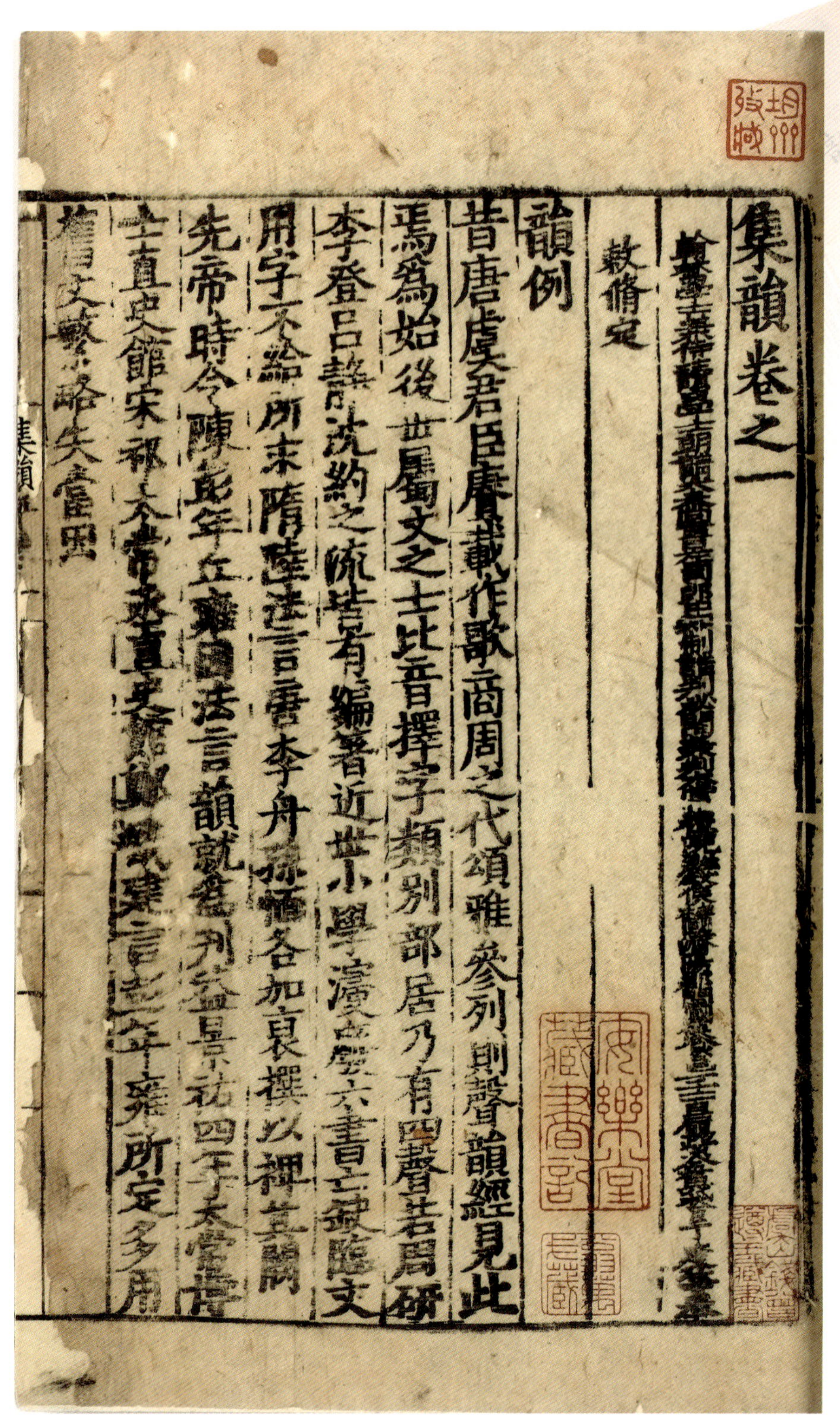
集韻卷之一

敕脩定

韻例

昔唐虞君臣賡載作歌商周之代頌雅參列則聲韻經見此焉爲始後世屬文之士比音擇字類別部居乃有四聲若周研李登呂靜沈約之流皆有編著近世小學濅廢六書亡缺臨文用字不給所求隋陸法言唐李舟孫愐各加裒撰以裨其闕先帝時令陳彭年丘雍因法言韻就爲刊益景祐四年太常博士直史館宋祁太常丞直史館鄭戩建言彭年雍所定多用舊文繁略失當因

《集韵》

（宋）丁度等撰，南宋初明州刻宋修補印本。此为本书存世最早刊本，另有清初毛氏汲古阁影宋抄本，即从此出。经钱曾述古堂、怡府、翁同龢均斋递藏。有李文田、潘祖荫、沈瑜庆、汪鸣銮等题记。

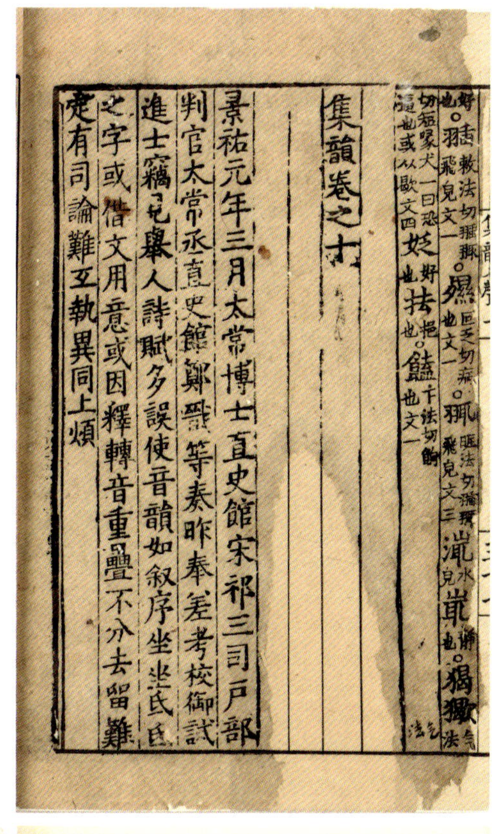

集韻卷之十

景祐元年三月太常博士直史館宋祁三司戶部判官太常丞直史館鄭戩等奏昨奉差考校御試進士竊見舉人詩賦多誤使音韻如敘序坐坐氐氐之字或借文用意或因釋轉音重疊不分去留難定有司論難互執異同上煩

光緒辛卯正月十日常熟尚書招飲耕隱齋酒酣出此得寓目焉書以志幸李文田

同治辛未吴縣潘祖蔭觀

光緒二十六年十一月二十七日嘉興沈曾桐閬縣王仁東侯官沈瑜慶觀瑜慶記

光緒辛丑四月二十二日汪鳴鑾觀

邵子觀物內篇上

皇極經世之十一
觀物篇之五十一

物之大者無若天地然而亦有所盡也天之大陰陽盡之矣地之大剛柔盡之矣陰陽盡而四時成焉剛柔盡而四維成焉夫四時四維者天地至大之謂也凡言大者無得而過之也亦未始以大爲自得故能成其大豈不謂至偉至偉者歟天生于動者也地生于靜者也一動一靜交而天地之道盡之矣動之始則陽生焉動之極則陰生焉一陰一陽交而

觀物外篇上之下

《邵子观物内篇》《外篇》《后录》《渔樵问对》

（宋）邵雍撰，宋吴坚福建漕治刻本。卷后有“后学天台吴坚刊于福建漕治”两行，吴坚刻《张子语录》、《龟山语录》亦有此记，盖一时之制。怡府、翁同龢均斋旧藏。

邵子

漁樵問對

漁者垂釣于伊水之上樵者過之弛檐息肩坐于盤石之上而問于漁者曰魚可鈎取乎曰然曰鈎非餌可乎曰否曰非鈎也餌也魚利食而見害人利魚而蒙利其利同也其害異也敢問何故漁者曰子樵者也與吾異治安得侵吾事乎然亦可以爲子試言之彼之利猶此之利也彼之害亦猶此之害也子知其小未知其大魚之利食吾亦利乎食也魚之害食吾亦害乎食也子知魚終日得食爲利又安知魚終日不得食不爲害如是則食之害也重而鈎之害也輕子知吾終日得魚爲利又安知吾終日不得魚不爲害也如是則吾之害也重魚之害也輕以魚之一身當人之一食則魚之害多矣以人之一身當魚之一食則人之害亦多矣又安知釣乎大江大海則無易地之患焉魚利乎水人利乎陸水與陸異其利一也魚害乎餌人害乎財餌與財異其害一也又何必分乎彼此哉子之言

在詩飲歡喜酒百年升平不爲不偶七十康強不爲不壽此其無名公之行乎

邵子漁樵問對

後學天台吳堅
刊于福建漕治

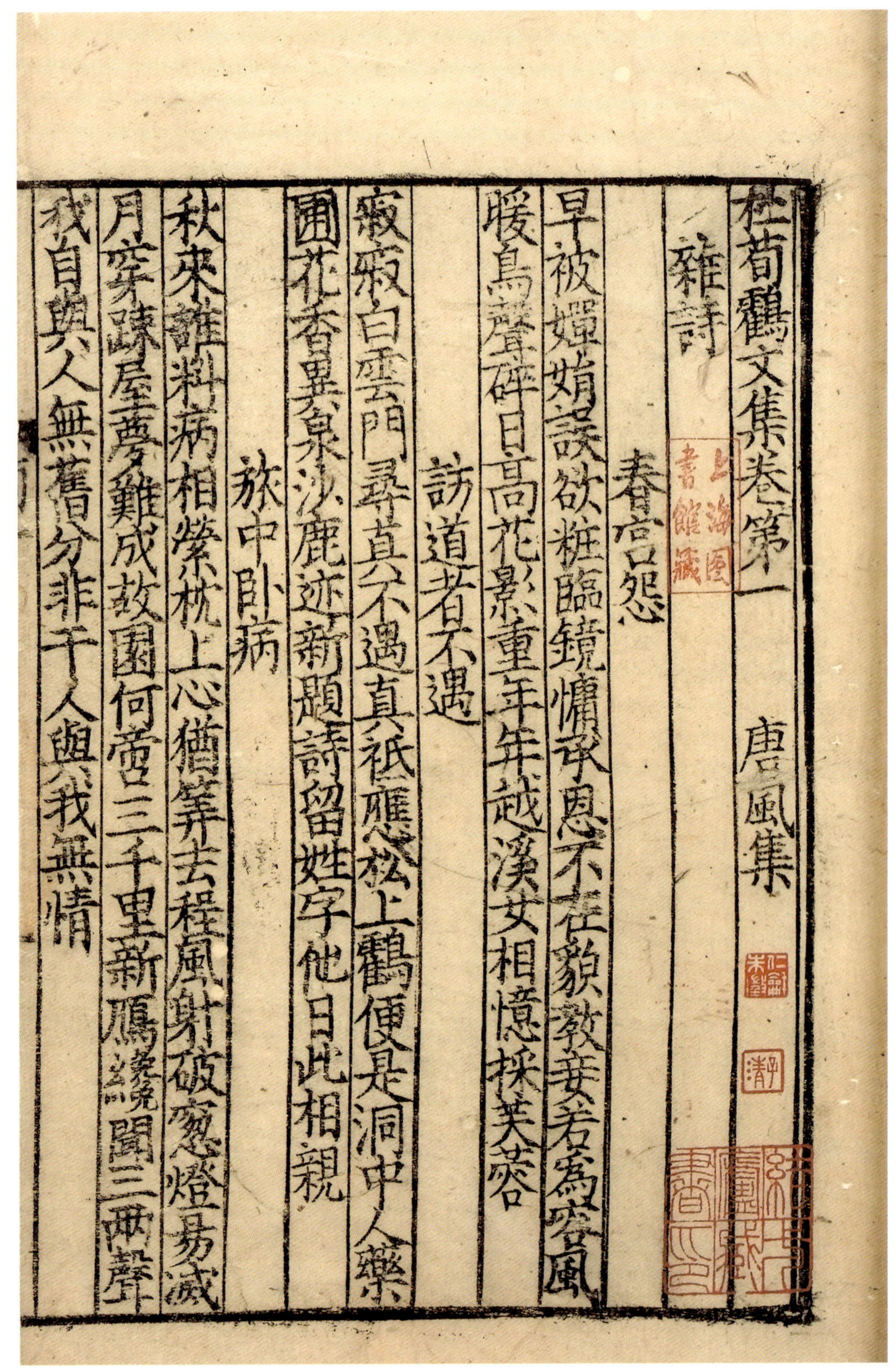

杜荀鶴文集卷第一　　唐風集

雜詩

春宮怨

早被嬋娟誤欲粧臨鏡慵承恩不在貌教妾若為容風暖鳥聲碎日高花影重年年越溪女相憶採芙蓉

訪道者不遇

寂寂白雲門尋真不遇真祇應松上鶴便是洞中人藥圃花香異沙泉鹿迹新題詩留姓字他日此相親

旅中臥病

秋來誰料病相縈枕上心猶算去程風射破窗燈易滅月穿疎屋夢難成故園何啻三千里新鴈纔聞三兩聲

我自與人無舊分非干人與我無情

《杜荀鹤文集》

（唐）杜荀鹤撰，宋蜀刻本。又名《唐风集》，传世有分体本与不分体本两个系统。此为不分体本，南宋中期刻于四川。黄子羽、毛晋、季振宜、朱学勤递藏。季振宜题记。

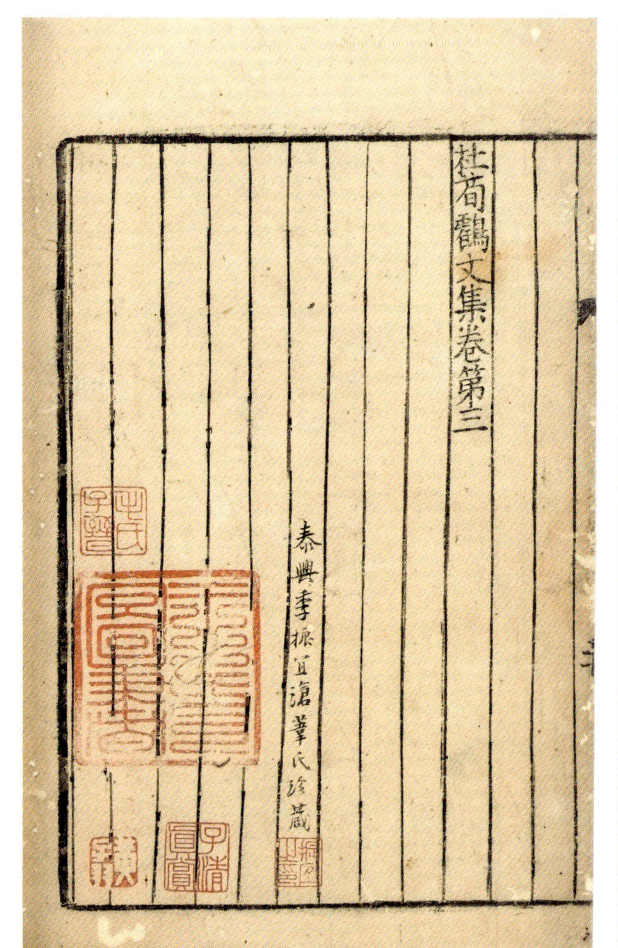
杜荀鶴文集卷第三

泰興季振宜滄葦氏珍藏

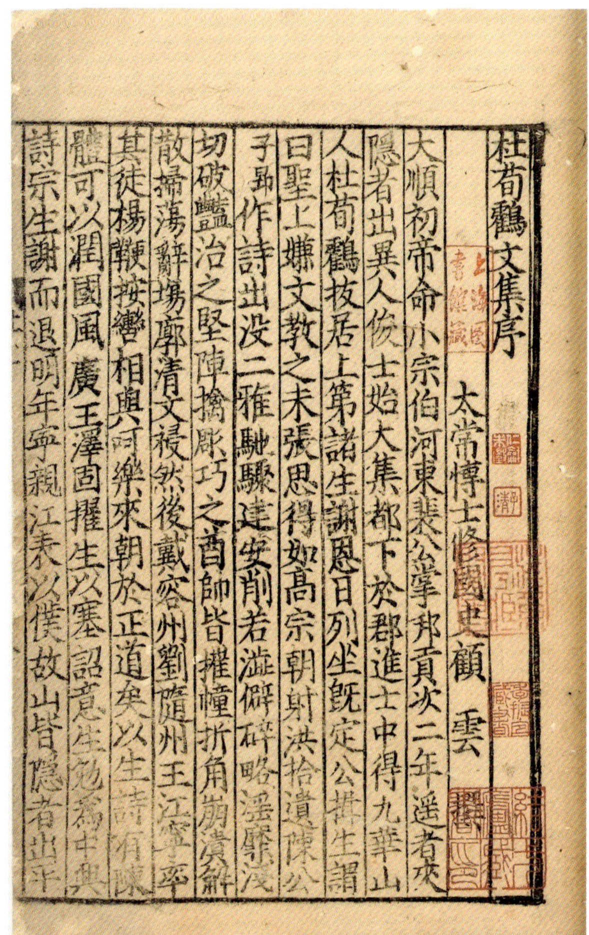
杜荀鶴文集序

太常博士修國史顧　雲　撰

大順初帝命小宗伯河東裴公掌邦貢次二年遜者來
隱者出異人俊士始大集都下於郡進士中得九華山
人杜荀鶴拔居上第諸生謝恩日列坐既定公揖生謂
曰聖上嫌文教之未張思得如高宗朝射洪拾遺陳公
子昂作詩出沒二雅馳驟建安削若溢僻碎略淫靡淺
切破艷冶之堅陣擒馳巧之酋帥皆摧幢折角崩潰解
散掃蕩詞場廓清文祲然後戴容州劉隨州王江寧率
其徒揚鞭按轡相與呵樂來朝於正道矣以生詩有陳
體可以潤國風廣王澤固擢生以塞詔意生勉為中興
詩宗生謝而退明年寧親江表以僕故山皆隱者出乎

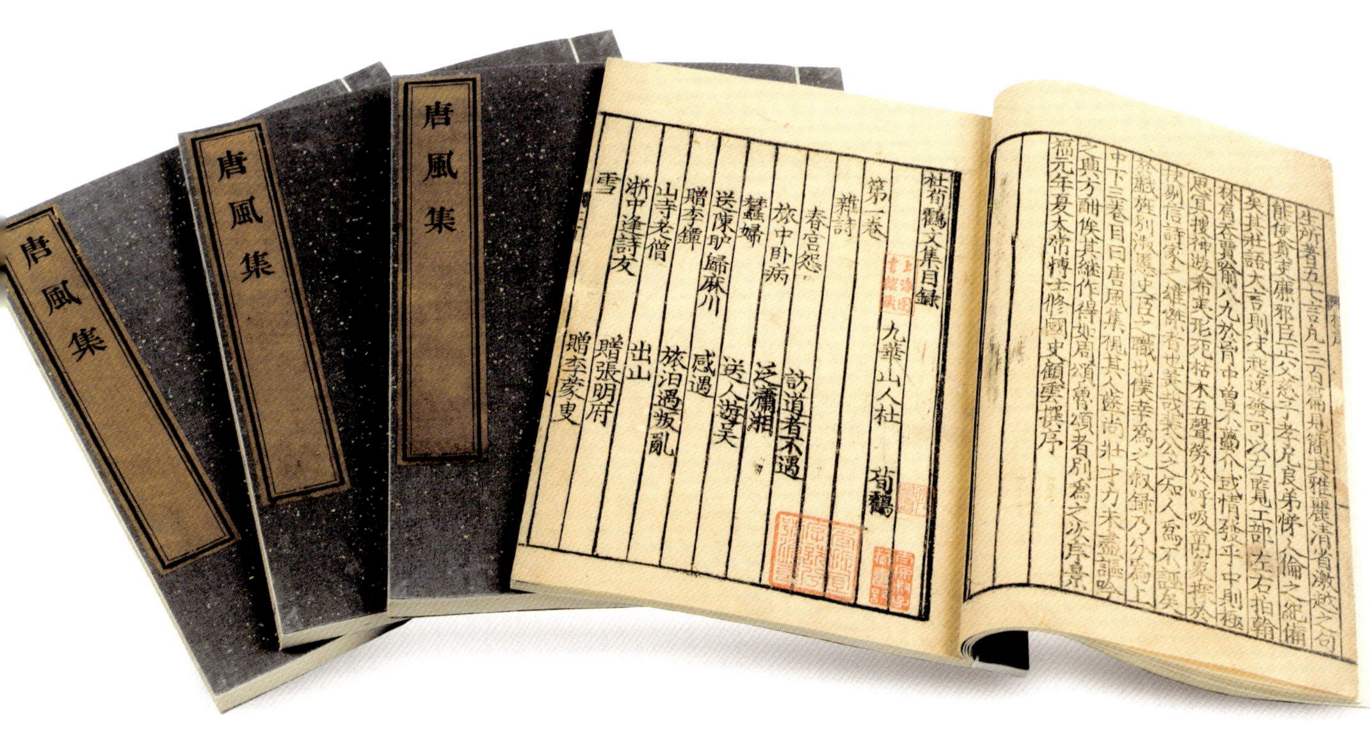

杜荀鶴文集目錄

九華山人杜　荀鶴

第一卷

雜詩

春宮怨　訪道者不遇
旅中卧病　送瀟湘
蠶婦　送人遊吳
送陳昉歸麻川　感遇
贈李鐔　旅泊遇亂
山寺老僧　出山
浙中逢詩友　贈張明府
雪　贈李蒙叟

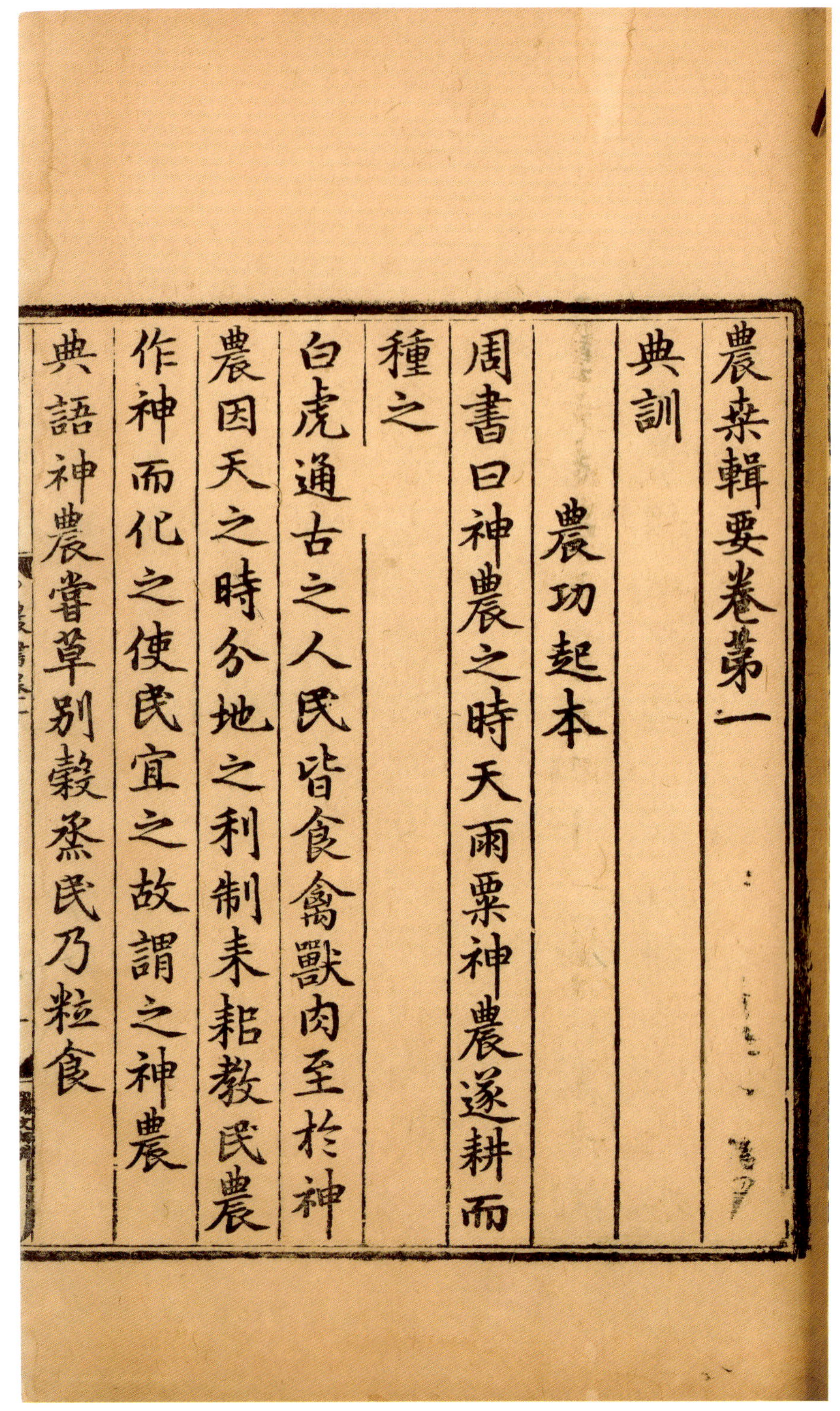

農桑輯要卷第一
典訓
農功起本
周書曰神農之時天雨粟神農遂耕而
種之
白虎通古之人民皆食禽獸肉至於神
農因天之時分地之利制耒耜教民農
作神而化之使民宜之故謂之神農
典語神農嘗草別穀烝民乃粒食

《农桑辑要》

（元）司农司撰，元后至元五年（1339）刻明补版印本。原版为赵松雪体。此书《四库》本从《永乐大典》中辑出，此本可纠其篇帙错乱与文字讹脱。曾为怡府、仁和朱氏结一庐收藏。

農桑輯要目録

卷之一

卷之二

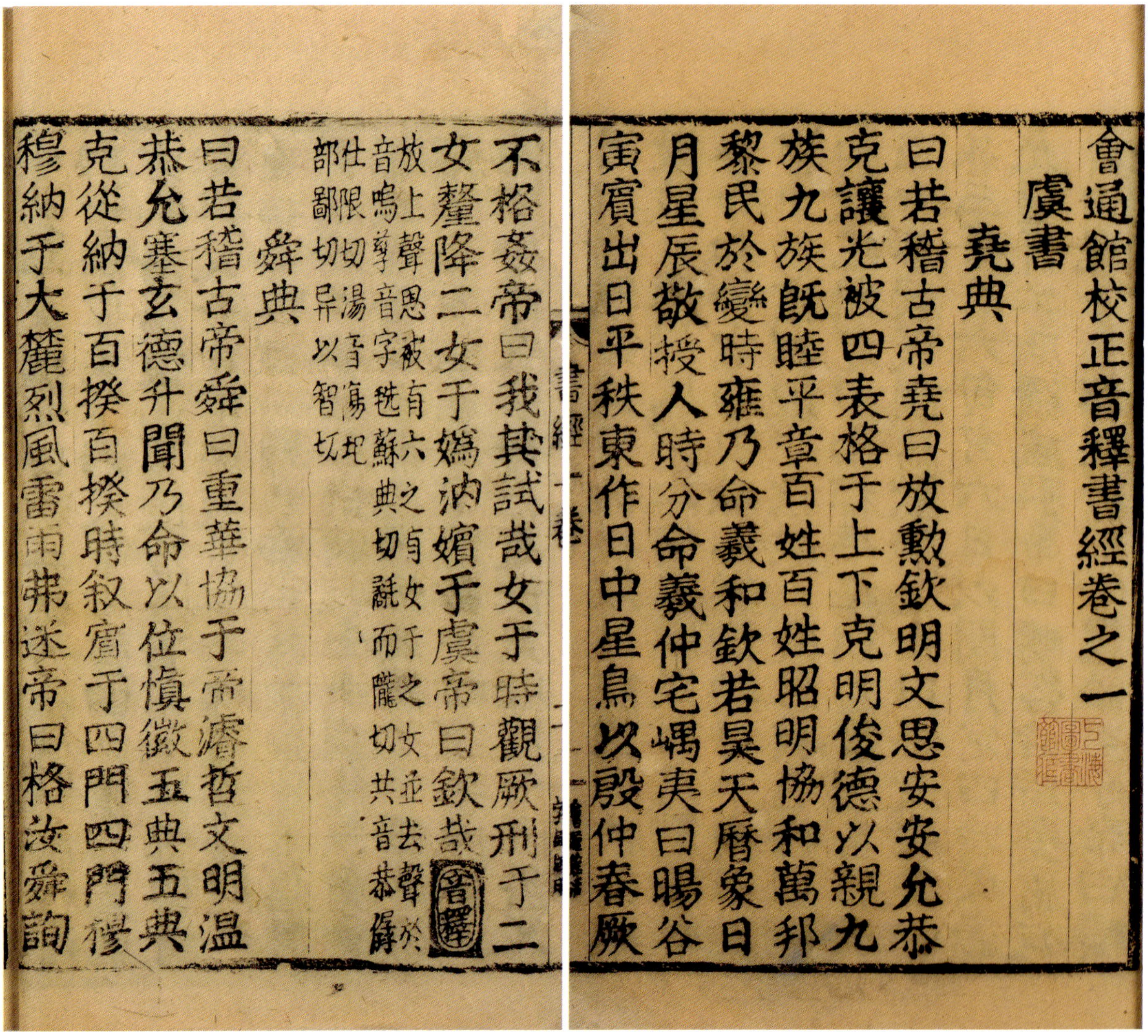

會通館校正音釋書經卷之一

虞書

堯典

曰若稽古帝堯曰放勳欽明文思安安允恭克讓光被四表格于上下克明俊德以親九族九族既睦平章百姓百姓昭明協和萬邦黎民於變時雍乃命羲和欽若昊天曆象日月星辰敬授人時分命羲仲宅嵎夷曰暘谷寅賓出日平秩東作日中星鳥以殷仲春厥

不格姦帝曰我其試哉女于時觀厥刑于二女釐降二女于嬀汭嬪于虞帝曰欽哉

音釋 放上聲思被育六之育女于之女並去聲於音嗚䒬音字甦蘇典切巽而隴切共音恭僻仕限切湯音傷圮部鄙切异以智切

舜典

曰若稽古帝舜曰重華協于帝濬哲文明溫恭允塞玄德升聞乃命以位慎徽五典五典克從納于百揆百揆時敘賓于四門四門穆穆納于大麓烈風雷雨弗迷帝曰格汝舜詢

《会通馆校正音释书经》

明会通馆铜活字印本。明代活字本以无锡华氏会通馆、兰雪堂及安氏桂坡馆最为有名。此本版心镌“会通馆活字铜版印”，出自华氏。郁松年旧藏。

會通館校正音釋朱子書傳序

慶元己未冬先生文公令沈作書集傳明年先生殁又十年始克成編總若干萬言嗚呼書豈易言哉二帝三王治天下之大經大法皆載此書而淺見薄識豈足以盡發蘊奥且生於數千載之下而欲講明於數千載之前亦已難矣然二帝三王之治本於道二帝三王之道本於心得其心則道與治固可得而言矣何者精一執中堯舜禹相授之心法也建中建極商湯周武相傳之心法也曰德曰仁曰敬曰誠言雖殊而理則一無非所以明此心之妙也至於言天則嚴其心之所自出言民則謹其心之所由施禮樂教化心之發也典章文物心之著也家齊國治而天下平心之推也心之德其盛矣乎二帝三王存此心者也夏桀商受亡此心者也太甲成王困而存此心者也存則治亡則亂治亂之分顧

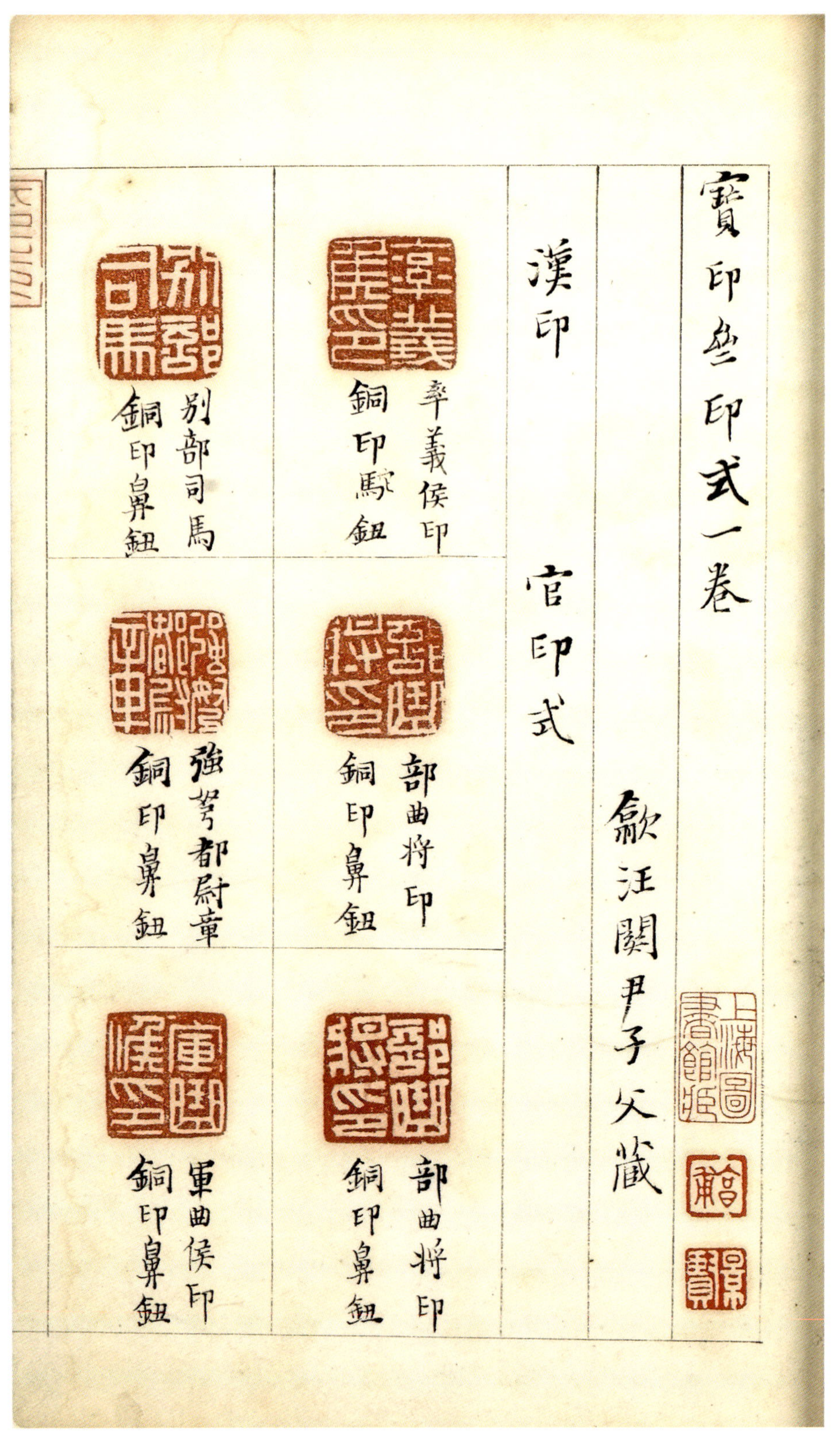
寳印齋印式一卷

歙汪關尹子父藏

漢印

官印式

率義侯印 銅印駝鈕

部曲將印 銅印鼻鈕

部曲將印 銅印鼻鈕

別部司馬 銅印鼻鈕

強弩都尉章 銅印鼻鈕

軍曲侯印 銅印鼻鈕

《宝印斋印式》二卷

汪关刻。汪关，字杲未，安徽黄山人。家居娄东，明万历、崇祯间篆刻家。于吴市得汉“汪关”铜印一钮，至精之品，因改名关，更字尹子，以“宝印斋”颜其室。汪氏治印深得汉印神韵，刀法朴茂稳实，章法一丝不苟，为有明印坛力追汉法的开创者。《印式》卷一为汪氏藏汉印，卷二为汪氏所刻印，流传极罕。

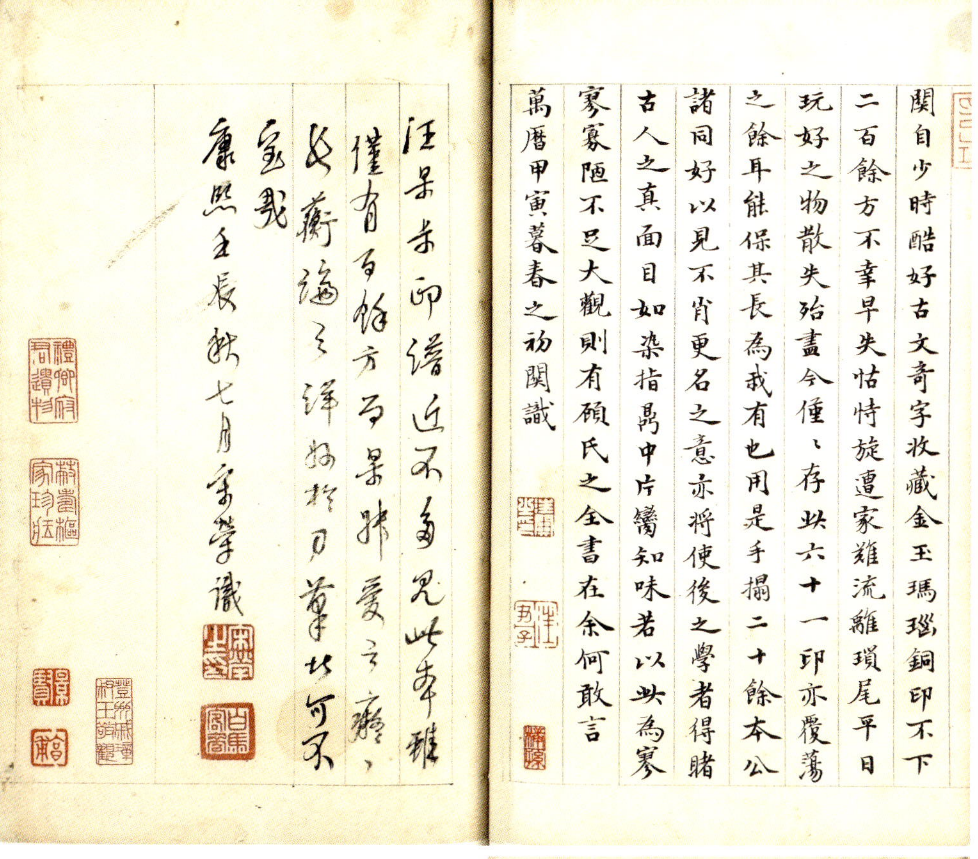

閔自少時酷好古文奇字收藏金玉瑪瑙銅印不下二百餘方不幸早失怙恃旋遭家難流離瑣尾平日玩好之物散失殆盡今僅〻存此六十一印亦覆蕩之餘耳能保其長為我有也用是手搨二十餘本公諸同好以見不肖更名之意亦將使後之學者得睹古人之真面目如染指鼎中片臠知味若以此為寥寥寡陋不足大觀則有顧氏之全書在余何敢言

萬曆甲寅暮春之初閔識

汪杲叔印譜近不多見此本雖僅有百餘方而杲叔愛之癖之以齋論之詳始於貝葉此何不至哉

康熙壬辰秋七月宋犖識

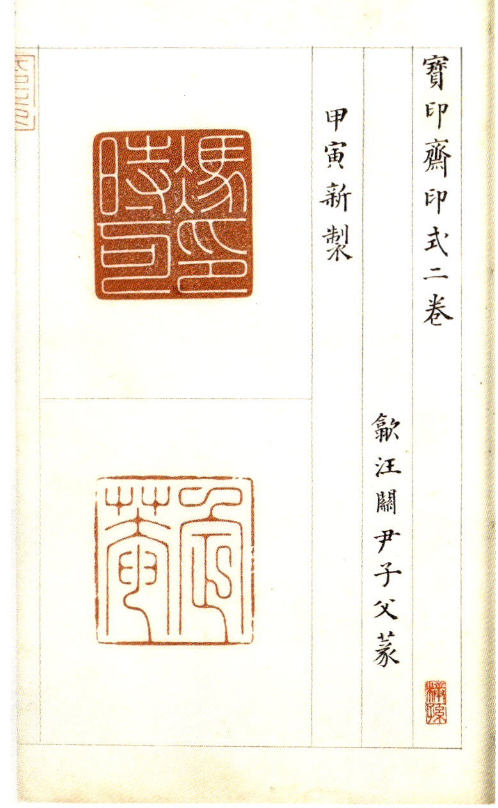

寶印齋印式二卷

甲寅新製

歙汪關尹子父篆

《圣祖仁皇帝位下十四子多罗恂勤郡王世系谱》

（清）绵默纂修，清内府抄本。皇族宗谱。修于清嘉庆十九年（1814），记载康熙十四子（又称十四阿哥）多罗恂勤郡王允禵支下自允字辈至载字辈凡六世世系。纂修时，已故者以墨笔书写，在世者则以朱笔记录，间有墨覆朱色者，盖谱成后丧亡之人。

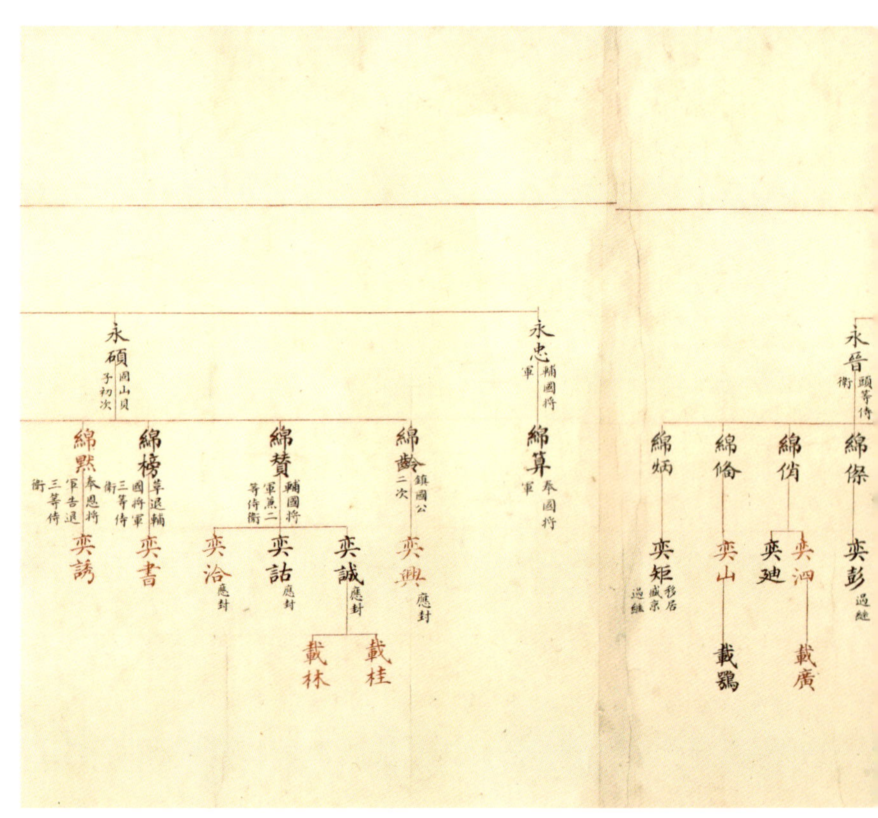

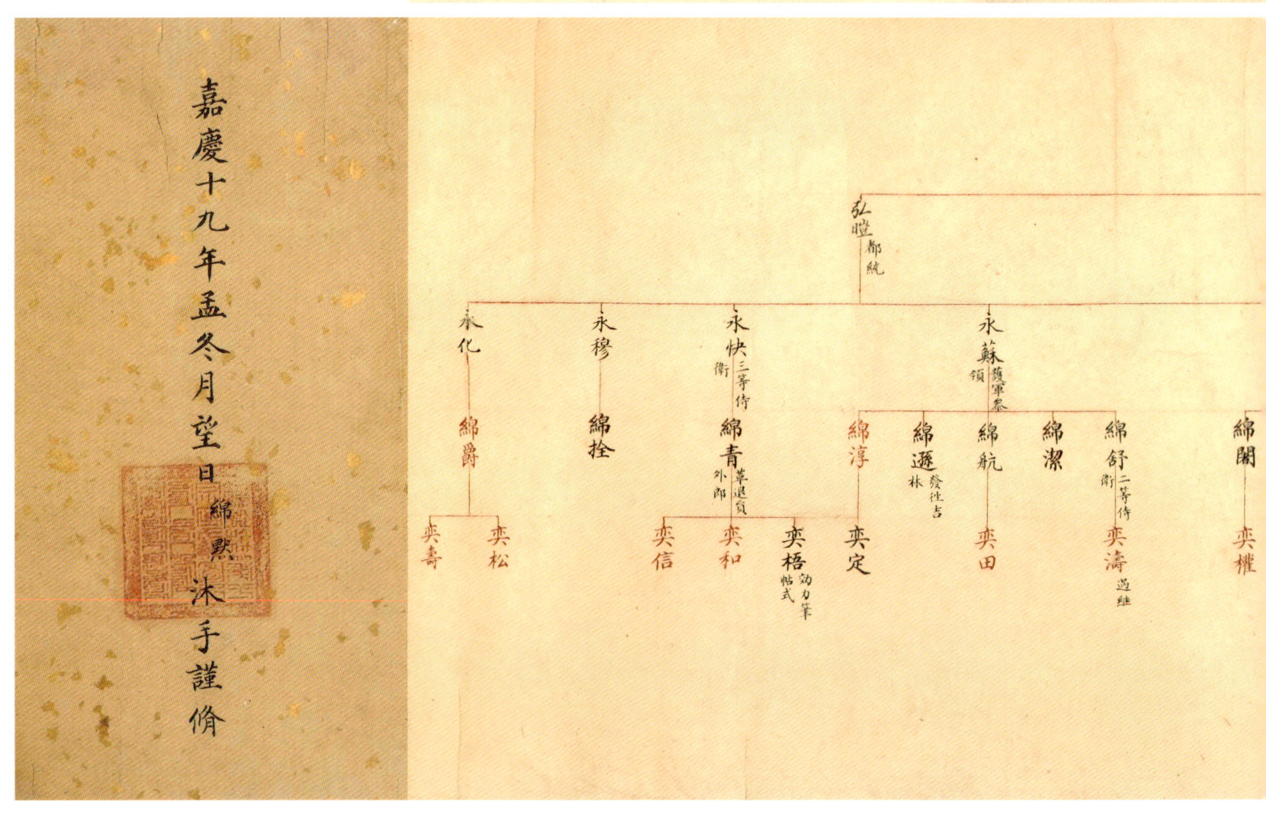

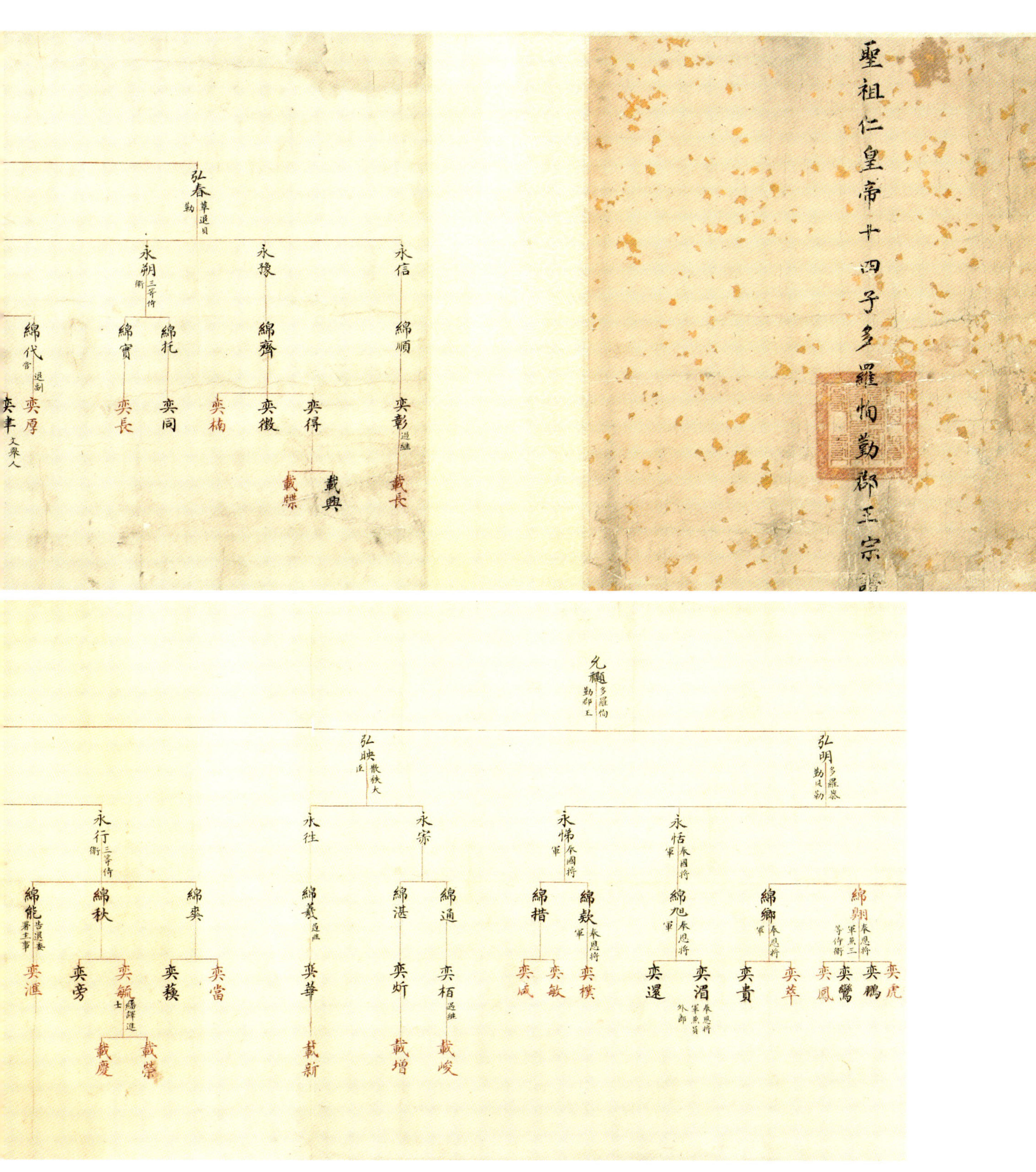
聖祖仁皇帝十四子多羅恂勤郡王宗譜
允禵
弘春
弘映
弘明
永朔
永豫
永信
永行
永往
永淙
永怫
永恬
綿代
綿實
綿托
綿齊
綿順
綿能
綿秋
綿奕
綿義
綿湛
綿通
綿措
綿款
綿旭
綿卿
綿翔
奕厚
奕長
奕同
奕楠
奕徹
奕得
奕彰
奕淮
奕旁
奕當
奕華
奕炘
奕栢
奕咸
奕敏
奕樸
奕還
奕湑
奕貴
奕萃
奕鳳
奕鸞
奕鵬
奕虎
載典
載長
載慶
載榮
載新
載增
載峻

香山徐氏宗譜

德瓊公牌式

北嶺肇修堂

EXHIBITION·OF·THE·WORKS·OF·INDUSTRY·OF·ALL·NATIONS·1851·

I hereby certify that Her Majesty's Commissioners upon the Award of the Jurors have presented a Prize Medal to Yun-Kee for Silks shown in the Exhibition

Exhibition Hyde Park London, 15th Oct 1851

Albert President of the Royal Commission

一千八百五十一年在
於英國倫敦京城
大會賽演五大洲
各國土產以及五金
玉石古玩一切貨物
其湖絲一類經在會
衆人公舉榮記湖
絲為第一英國君主
賞給金銀牌各一面
又給翼飛洋人執
照照上載明總理
會總亞爾拔英京
喃頓奚柏院會所
一千八百五十一年十
月十五號字樣照係
英字今以華字繙
譯如此云云

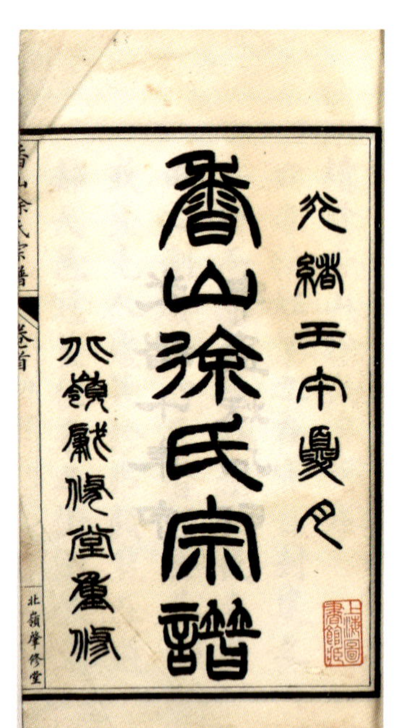

《[广东中山]北岭徐氏宗谱》

（清）徐润立等纂修，清光绪十年（1884）肇修堂石印本。此谱记叙中国商人徐德琼，以自己经营的“荣记湖丝”参加1851年在伦敦举办的第一届世博会并获金银大奖事，此为中国人参加世博会的最早记录。谱内详述德琼与会过程，并载有获奖奖牌、荣记湖丝商标及牌匾等实物画像。

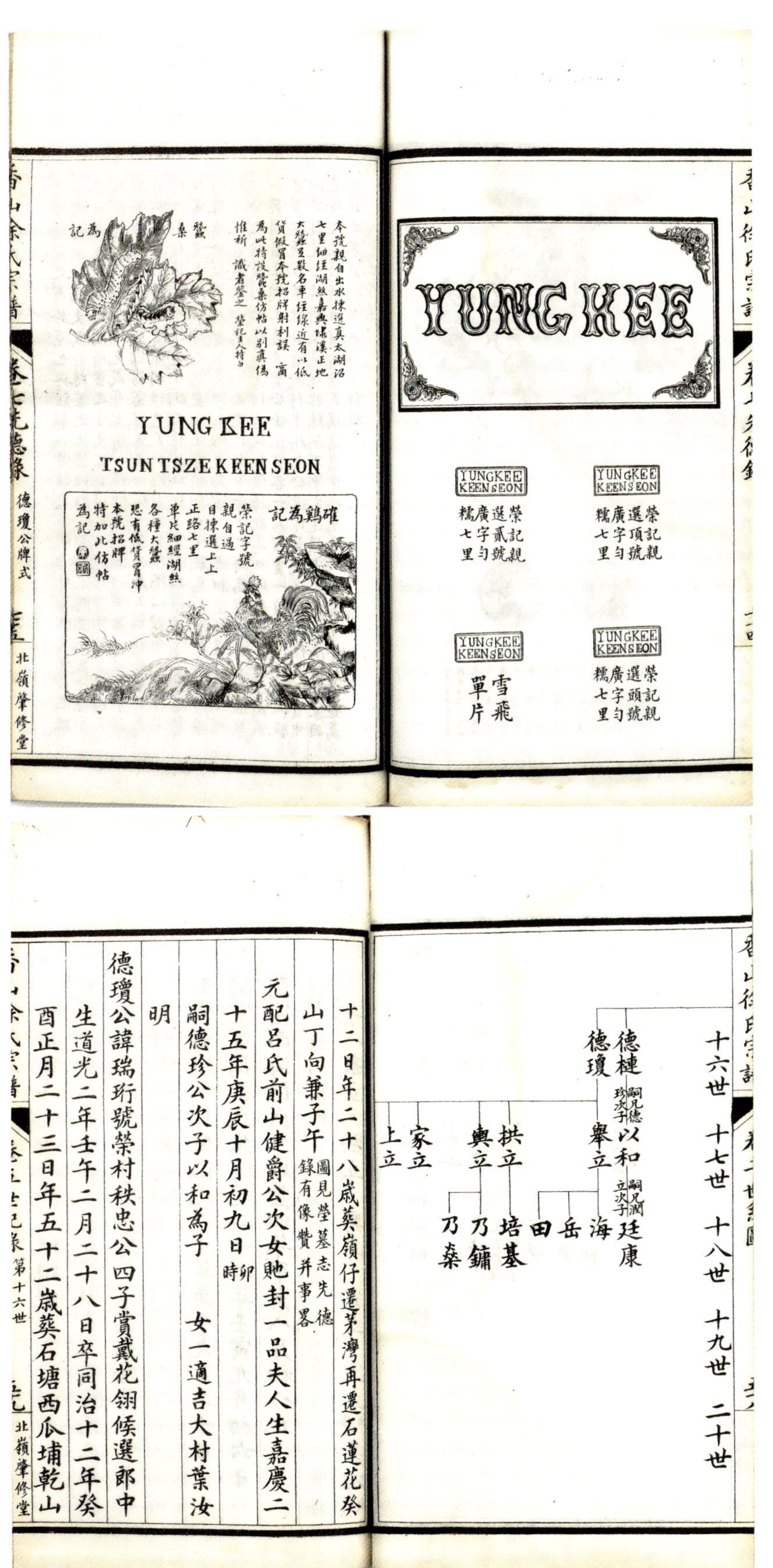
YUNG KEE
TSUN TSZE KEEN SEON
YUNG KEE
德瓊公牌式
北嶺肇修堂
十六世 十七世 十八世 十九世 二十世
德棟
德瓊
以和
廷康
舉立
拱立
興立
家立
上立
海
岳
田
培基
乃鏞
乃燊
十二日年二十八歲葬嶺仔遷茅灣再遷石蓮花癸
山丁向兼子午圖見塋墓志先德錄有像贊并事畧
元配呂氏前山健爵公次女貤封一品夫人生嘉慶二
十五年庚辰十月初九日卯時
嗣德珍公次子以和爲子 女一適吉大村葉汝
明
德瓊公諱瑞珩號榮村秩忠公四子賞戴花翎候選郎中
生道光二年壬午二月二十八日卒同治十二年癸
酉正月二十三日年五十二歲葬石塘西瓜埔乾山

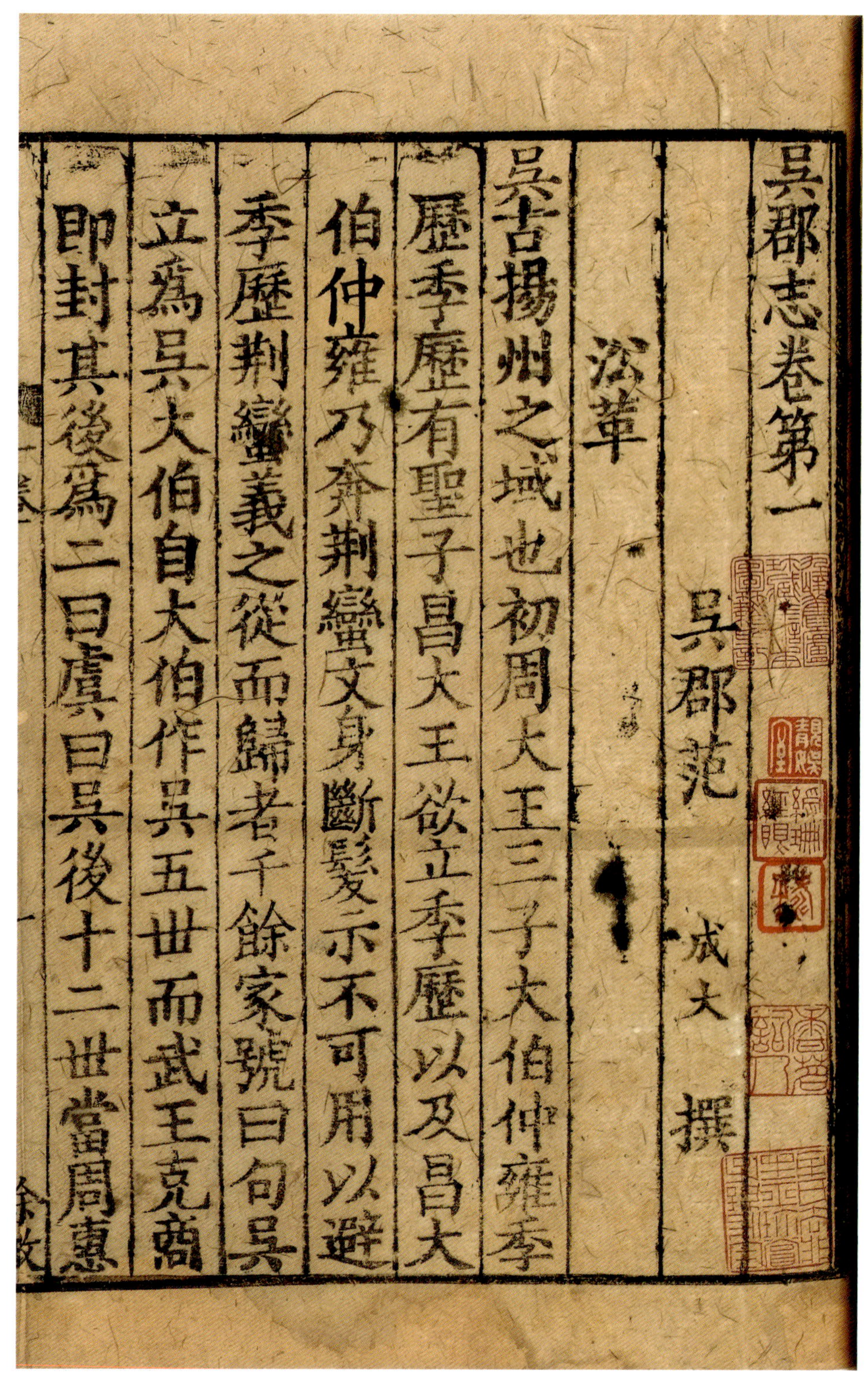

吳郡志卷第一

吳郡范　成大　撰

沿革

吳古揚州之域也初周大王三子大伯仲雍季歷季歷有聖子昌大王欲立季歷以及昌大伯仲雍乃奔荆蠻文身斷髮示不可用以避季歷荆蠻義之從而歸者千餘家號曰句吳立爲吳大伯自大伯作吳五世而武王克商即封其後爲二曰虞曰吳後十二世當周惠

《[绍定]吴郡志》

（宋）范成大纂修，（宋）汪泰亨等续修，宋绍定刻元修本。前有翰林院满汉文方印，知为进呈《四库全书》馆之本。今存宋刻方志仅寥寥数种，此为其一。倪模、王绶珊旧藏。

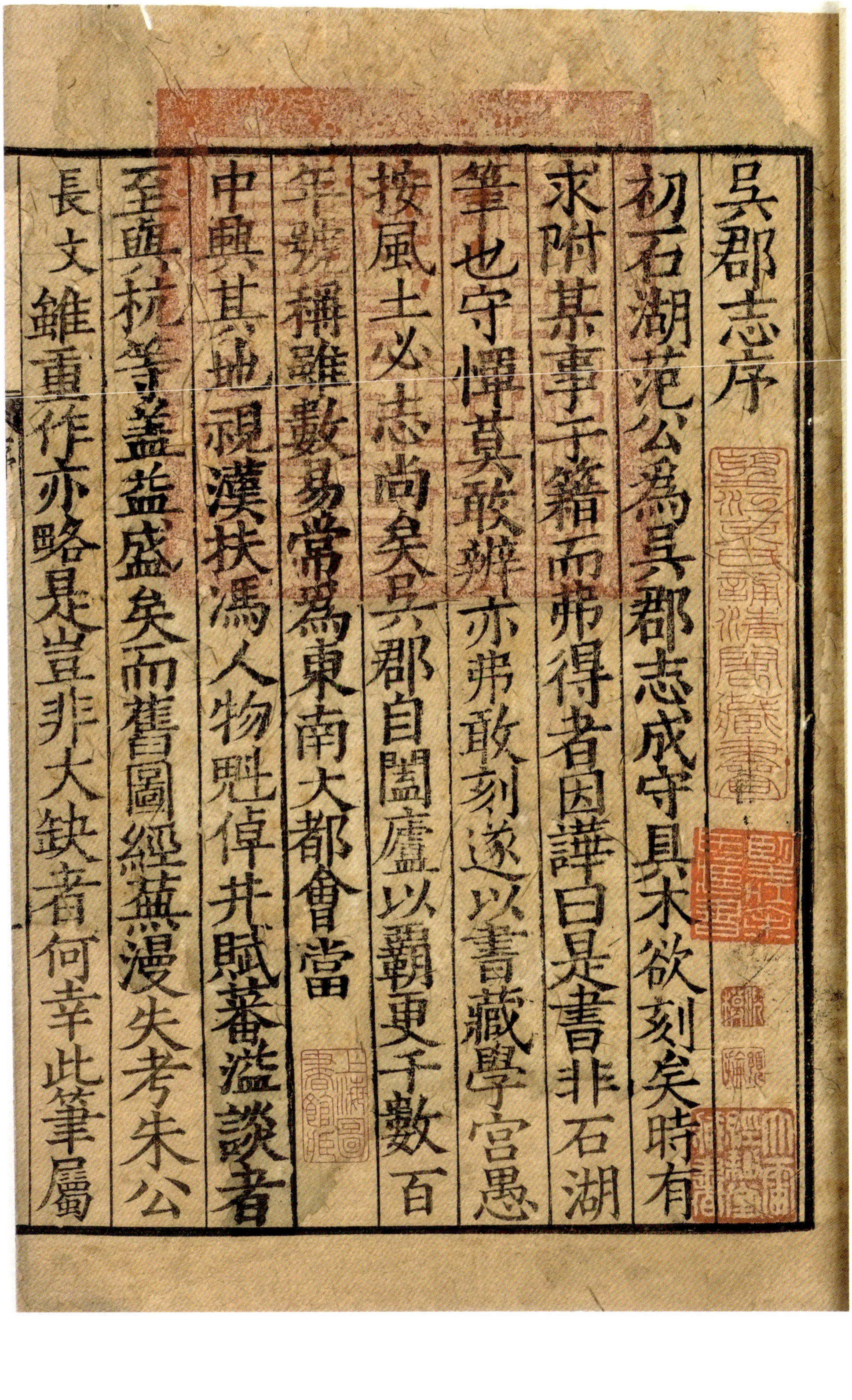

吳郡志序

初石湖范公爲吳郡志成守具木欲刻矣時有求附某事于籍而弗得者因譁曰是書非石湖筆也守懼莫敢辨亦弗敢刻遂以書藏學宮愚按風土必志尚矣吳郡自闔廬以霸更千數百年號稱雄數易常爲東南大都會當

中興其地視漢扶馮人物夥倬井賦蕃溢談者至與杭等蓋盛矣而舊圖經蕪漫失考朱公長文雖重作亦略是豈非大缺者何幸此筆屬

碑帖聚珍

Rubbings

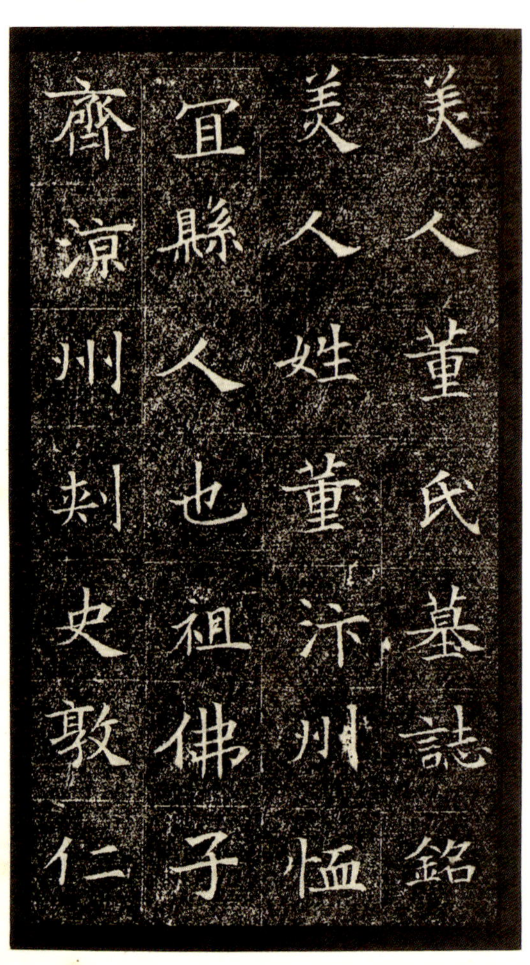

《董美人墓志》

隋开皇十七年（597）十月十二日葬。清嘉道间陕西兴平县出土，咸丰间志石毁于小刀会农民起义。楷书，二十一行，行二十三字。此关中初拓本。经吴湖帆、潘景郑收藏。有吴湖帆题签并题跋。另附弹民学、董寿慈、潘承谋、顾炜昌《董美人词稿》散叶四纸。

隋董美人墓志道光中為上海陸耳山之子得于興平旋歸徐紫珊所藏深自矜惜故拓本傳世絕尠咸豐癸丑滬城之亂徐氏遭臨石亦燬去至今片紙拓本珍如星鳳矣隋志中以常醜奴為最難得余藏金氏冬心齋舊本久欲得此為侶十餘年所渴想者一旦過之欣喜無量遂鈐既醜且美小印為押

丁卯六月養痾嵩山草堂題　吳湖帆

丁卯冬日武進趙尊嶽閩縣陳承修同觀

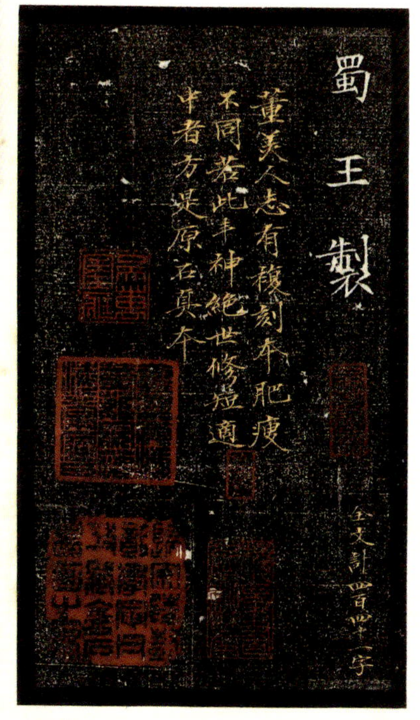

蜀王製
董美人志有複刻本肥瘦
不同若此本神絕世修短適
中者方是原石真本

丁卯中秋栩緣王同愈觀

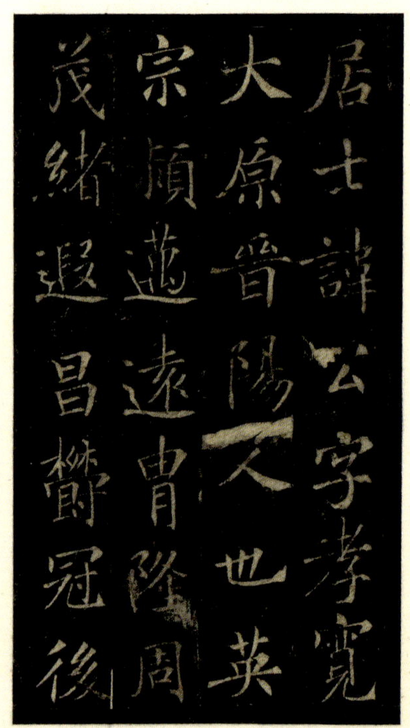

《王居士砖塔铭》

唐显庆三年（658）刻。明万历间出土于西安城南百塔寺。上官灵芝撰，敬客楷书。计十七行，行十七字。此初拓本，与《程夫人塔铭》合装。经陆恭、缪曰芑、彭翰孙、潘承厚、吴湖帆等收藏。有翁方纲、吴云、褚德彝、吴湖帆题跋。

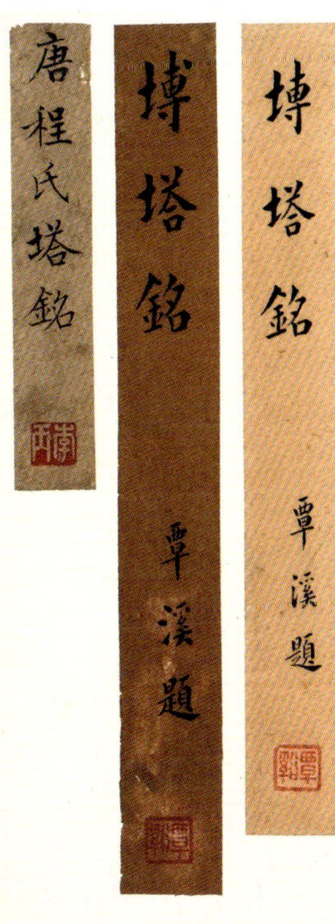

唐程氏塔銘
塼塔銘　覃溪題
塼塔銘　覃溪題

塼塔銘及程夫人塔銘二種爲唐刻中奇迹余曾收繆文子本亦二銘合裝此爲繆武子本原與程銘合裝塼塔經鄭廷暘巴慰祖二度覆刻後幾亂真本就余見者惟此繆氏弟兄本爲原石其他都不足信程銘拓本殊尠聞亦有覆本傳世此本余獲于丁丑故鄉亂後殘簡中碑估黃君慰鼗子也湖帆識

此銘褚薛之書髓也薛書惟昇仙陰知之者少褚書更多泐缺賴此銘留其逸韻耳舊本罕得珍之

嘉慶辛酉二月廿二日　方綱

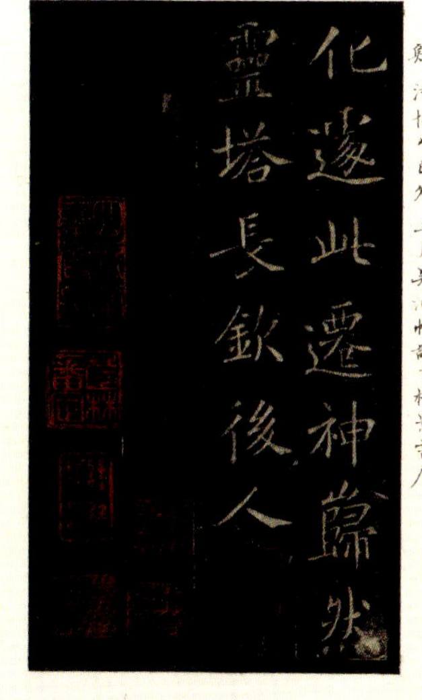

吾鄉先賢繆文子（曰藻）武子（曰芑）兩太史所藏未斷塼塔銘各一本皆經余目可謂奇緣今文子本歸張心秋武子本歸潘博山己卯三月吳湖帆記于梅景書屋

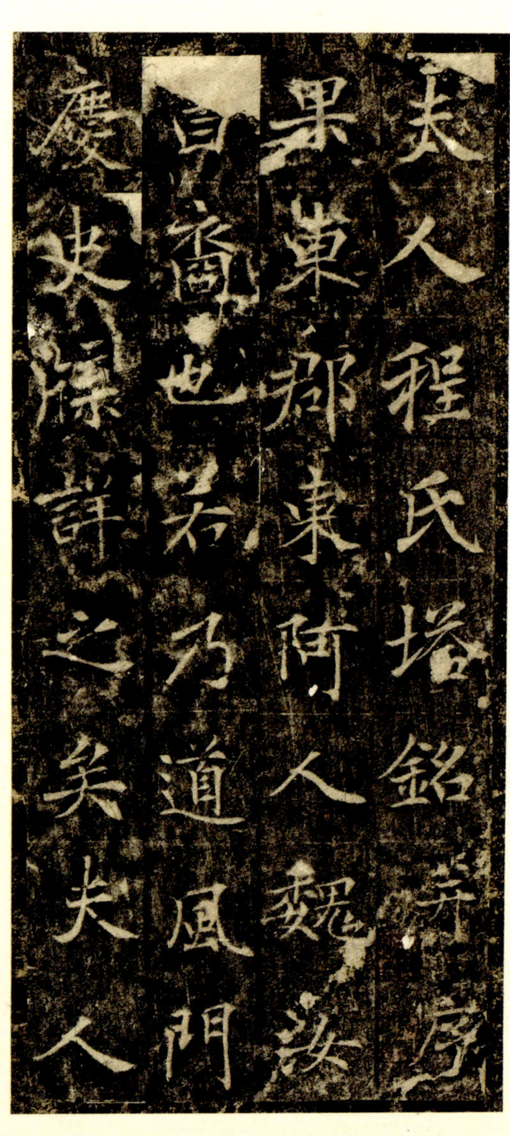

《程夫人塔铭》

唐文明元年（684）十月五日刻。石旧在陕西西安，今佚。楷书，十五行，撰书人不详。拓本稀见。此清康熙拓本，与《王居士砖塔铭》合装。经屠朝柱、吴湖帆收藏。有蒋节、方平、吴湖帆题跋。

程夫人墓銘其稱塔者從釋氏也石已殘闕無從讀其文字體出刁遵墓誌一路然奇宕處亦似褚河南河南書出張公禮因知唐人無不從北朝入也　香葉簃節識

右宋拓程夫人墓誌丙寅之秋三韓方平得于長洲旅次之寄雛盦

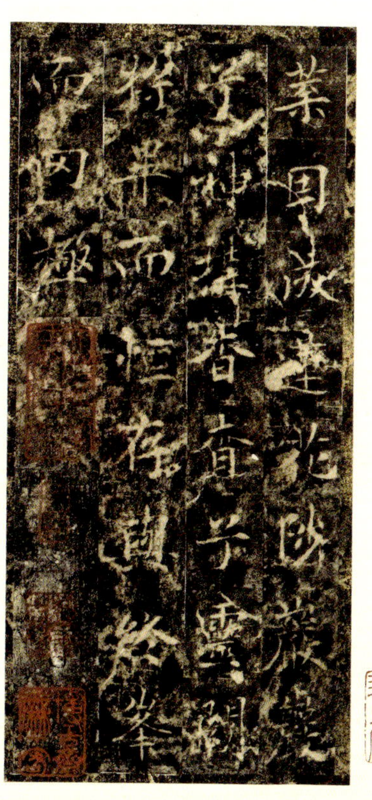

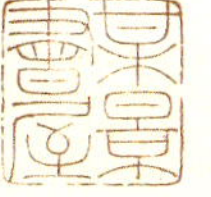

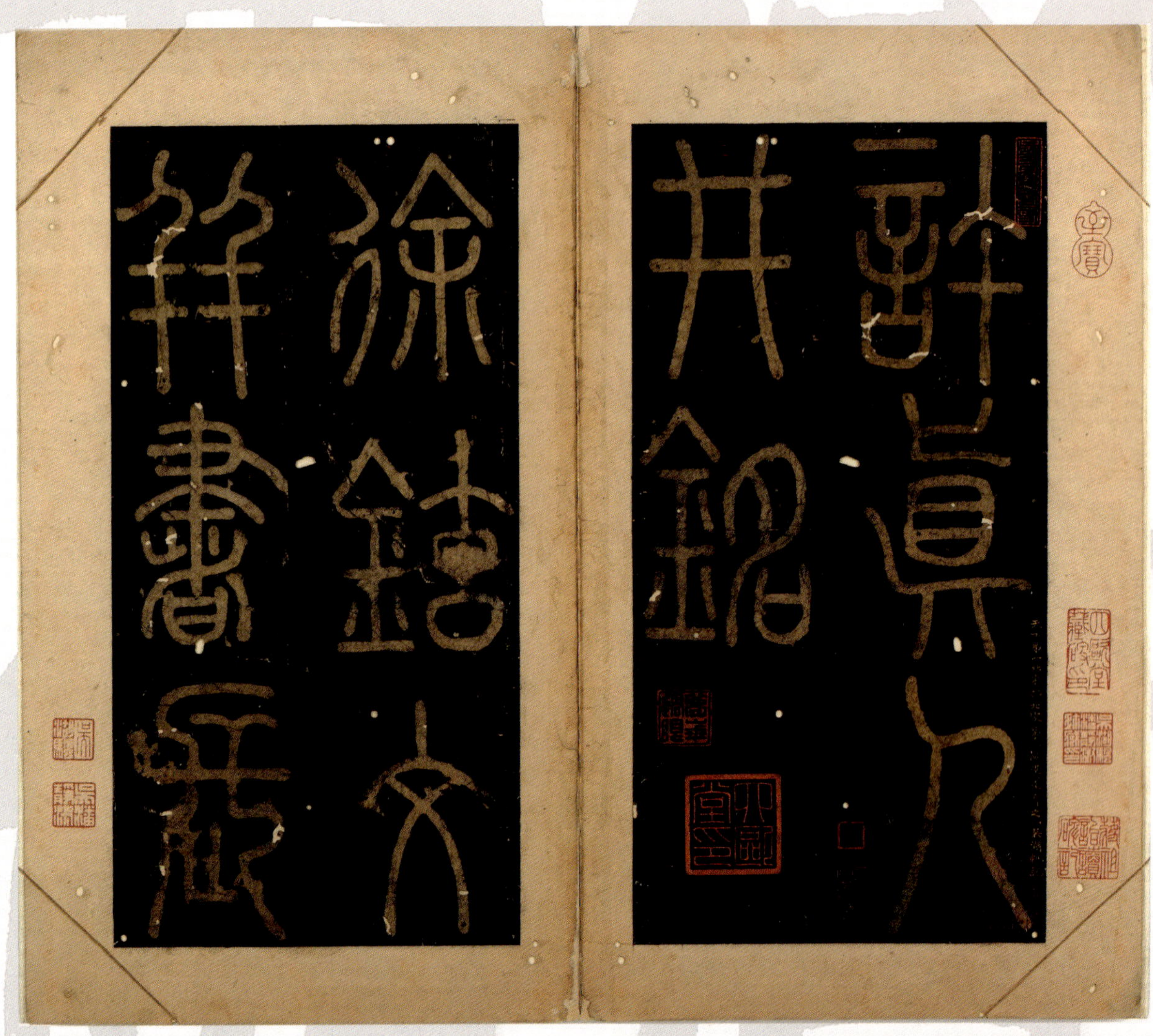

《许真人井铭》

南唐刻。徐铉撰并篆书，凡七十四字。此宋拓本。赵之谦署端。经赵魏、张廷济、鲍少筠、沈树镛、潘祖荫、吴湖帆递藏。有钱坫、张廷济、赵之谦、吴湖帆等跋。

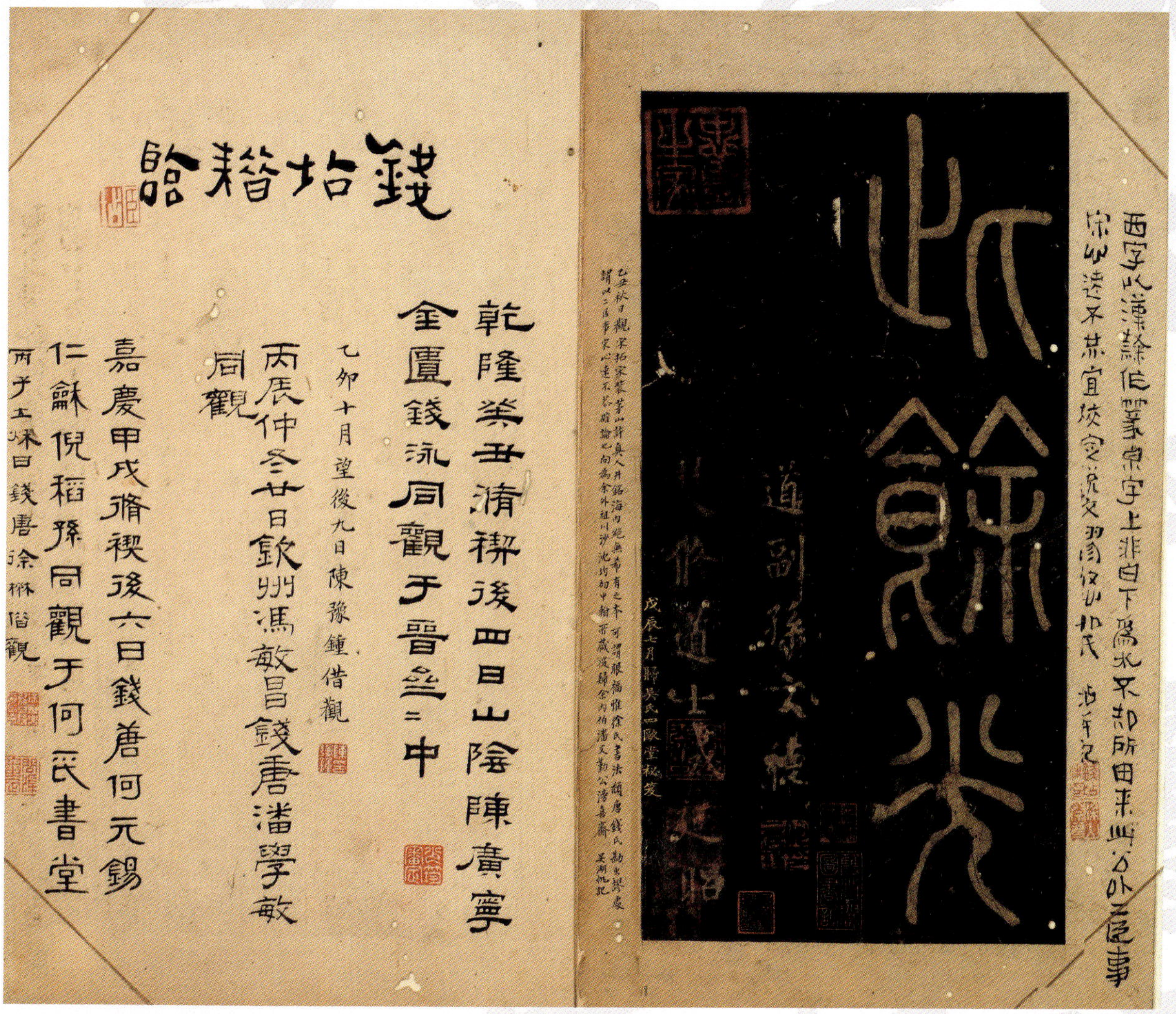
乾隆癸丑清穆後四日山陰陳廣寧
金匱錢泳同觀于晉齋之中
乙卯十月望後九日陳豫鍾借觀
丙辰仲冬廿日歙州馮敏昌錢唐潘學敏同觀
嘉慶甲戌脩禊後六日錢唐何元錫
仁龢倪稻孫同觀于何氏書堂
戊辰七月歸吳氏四歐堂秘笈

尺牍传真

Letters

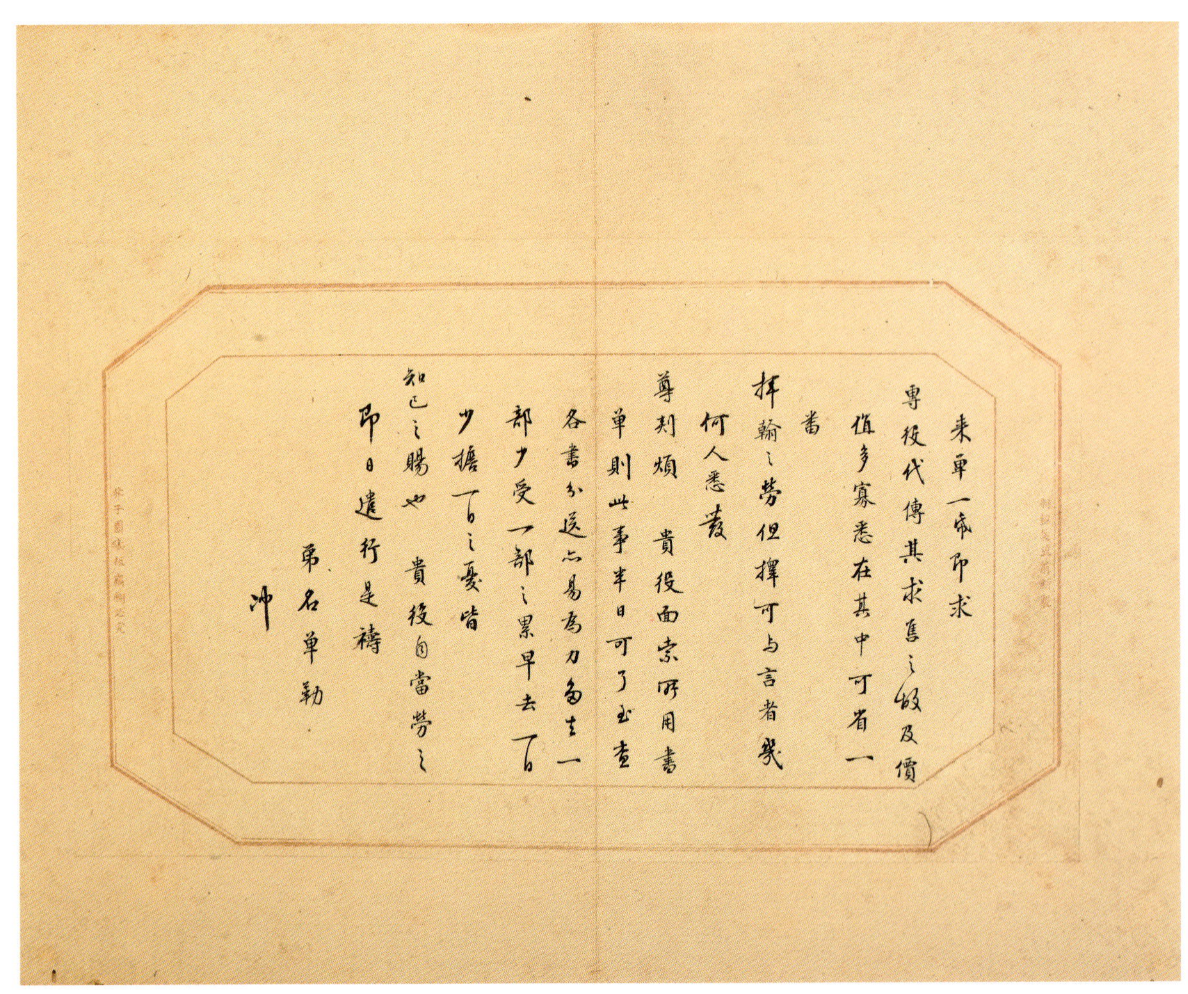

來單一紙即求
尊役代傳其求售之數及價
值多寡悉在其中可省一
番
揮翰之勞但擇可與言者幾
何人悉發
尊刻煩 貴役面索所用書
單則此事半日可了矣查
各書分送亦易為力每書一
部少受一部之累早去一日
少捱一日之憂皆
知己之賜也 貴役自當勞之
即日遣行是禱
弟名單勒
冲

《颜氏家藏尺牍》

清曲阜颜光敏未信堂所辑藏故人信札。颜光敏（1640-1686），字逊甫，号乐圃，颜回六十七世孙，康熙六年进士，除国史院中书舍人，有《乐圃集》、《旧雨堂集》、《颜氏家诫》等传世。颜氏昆季三人皆登进士，雅负名望，所订交皆一时名公，鱼雁往返，聚积甚夥。及其身后，子孙复宝爱弗失，至乾隆间装为三十四册，计二百八十四家、七百九十通，清初耆宿巨公之文艺翰墨、意趣襟怀，可以概见。图为李渔手札。

前以賀書瑣事凟
聞想爲
留意矣期已届乞示
德音印購者寥寥亦求
自用一二十部輕我行
裝爲

惠多矣至候
回示不宣
晚弟李漁頓首
修翁老年臺大人 [illegible]

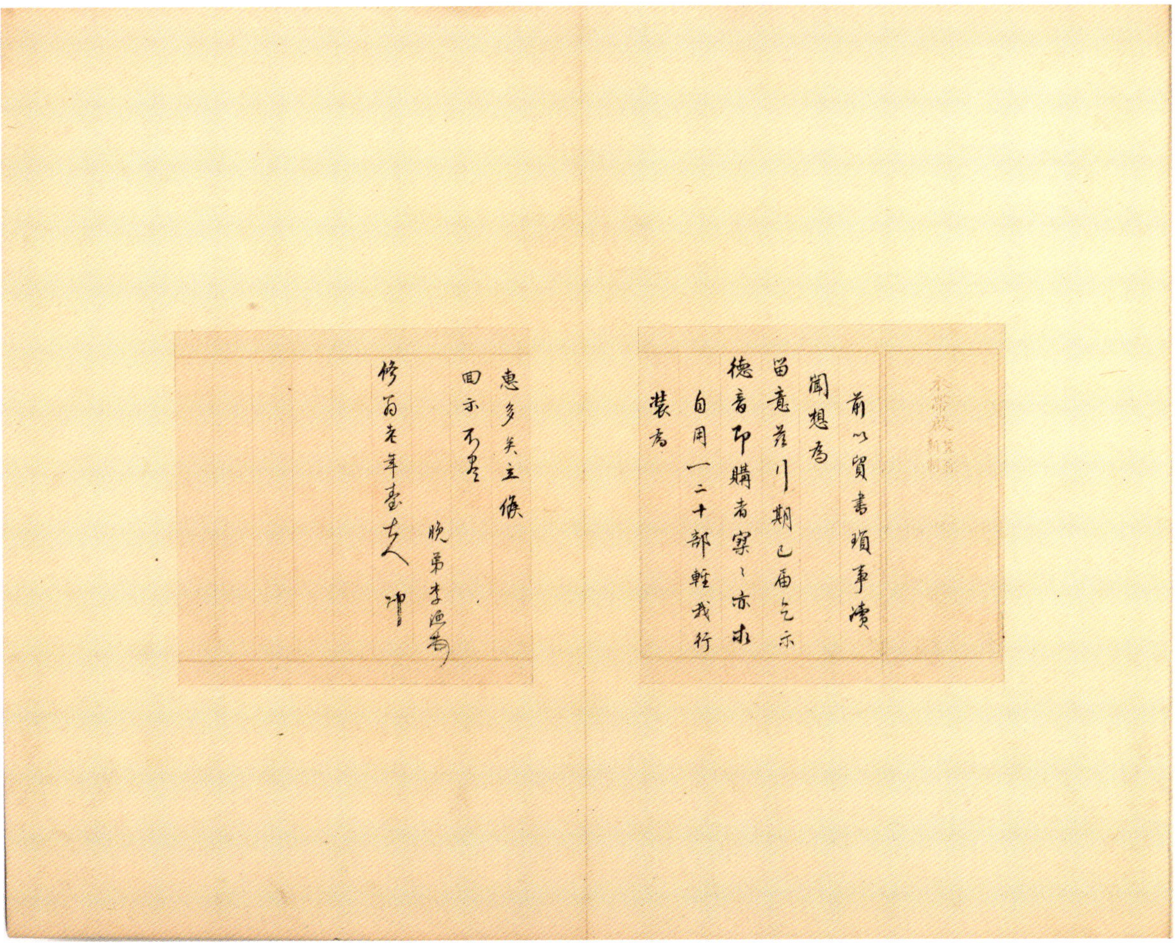

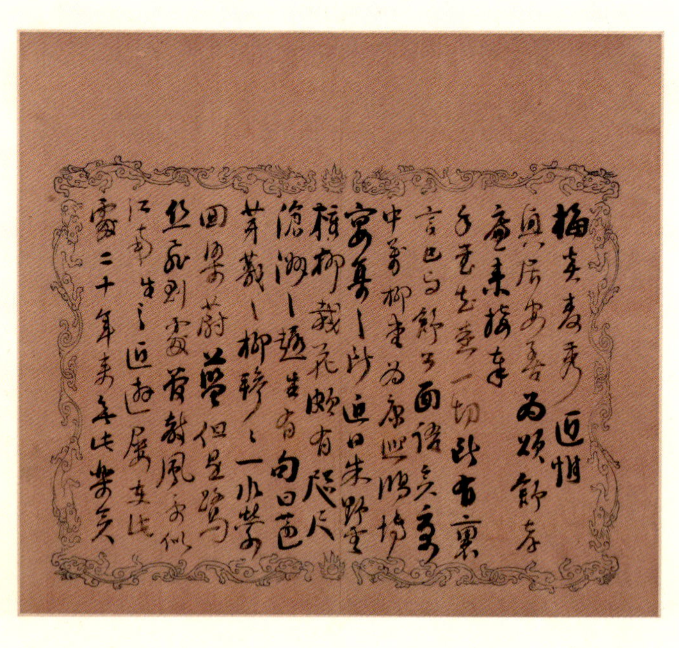

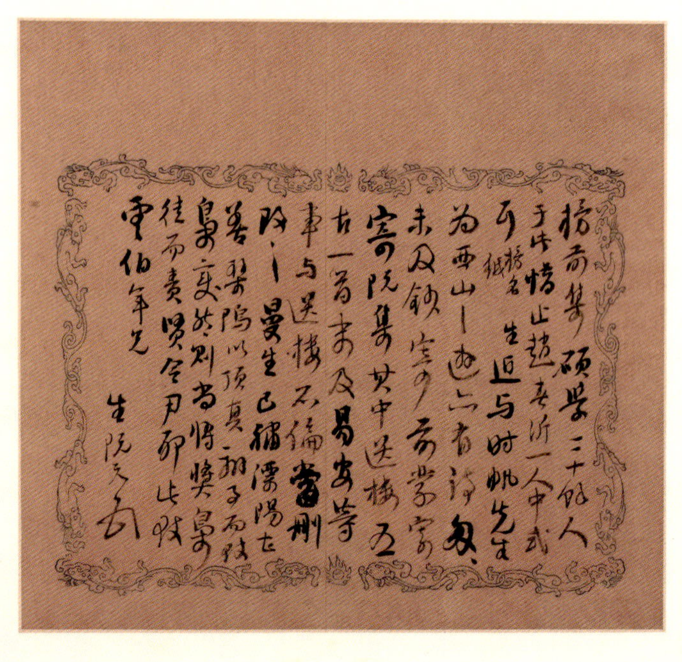

《国朝名贤手札》初续集

民国著名收藏家庞元济辑藏之清代名家尺牍。庞元济（1864—1949），字莱臣，号虚斋，浙江吴兴人。富收藏，精鉴赏，有《虚斋名画录》、《虚斋名画续录》等传世。是集初集收手札146家375通，续集142家207通，皆清初至乾嘉间胜流如吴伟业、顾炎武、傅山、朱彝尊、全祖望、阮元、钱大昕、段玉裁、袁枚、孙星衍、梁同书等，咸文苑艺林一时之选。虚斋书画收藏雅负重望，尺牍亦为至精之品，极具文献文物价值。图为阮元、林则徐手札。

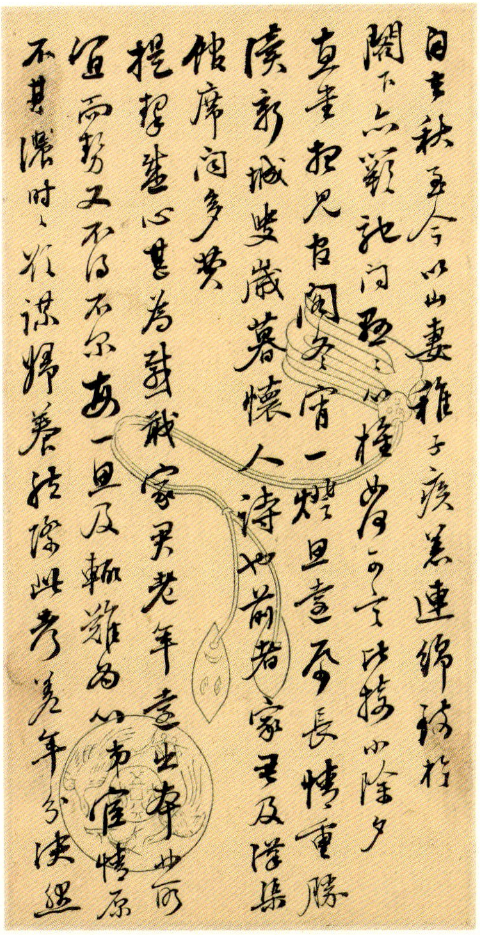

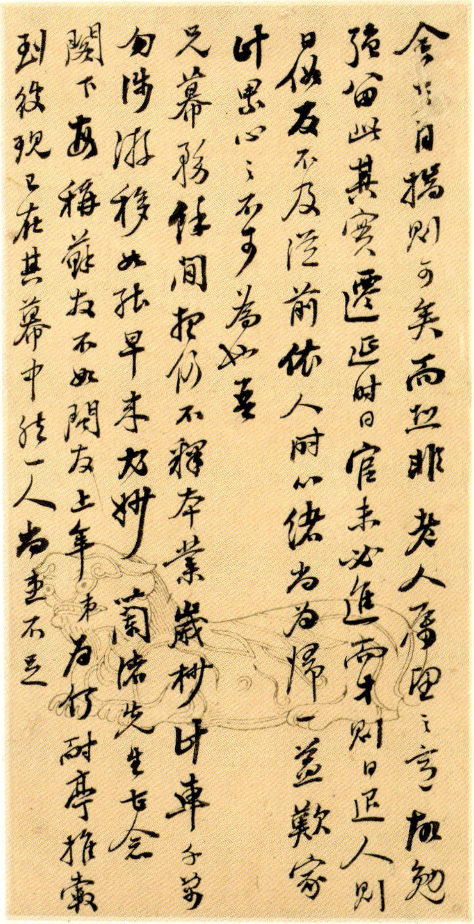

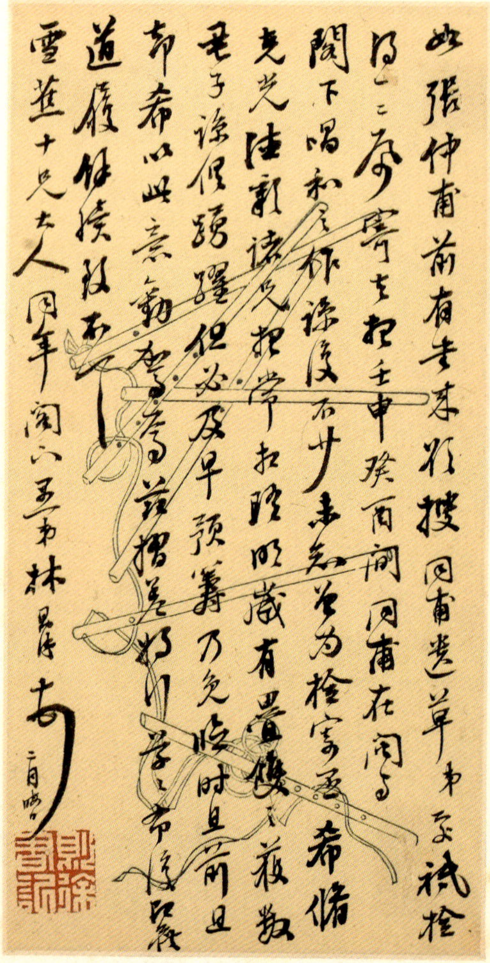

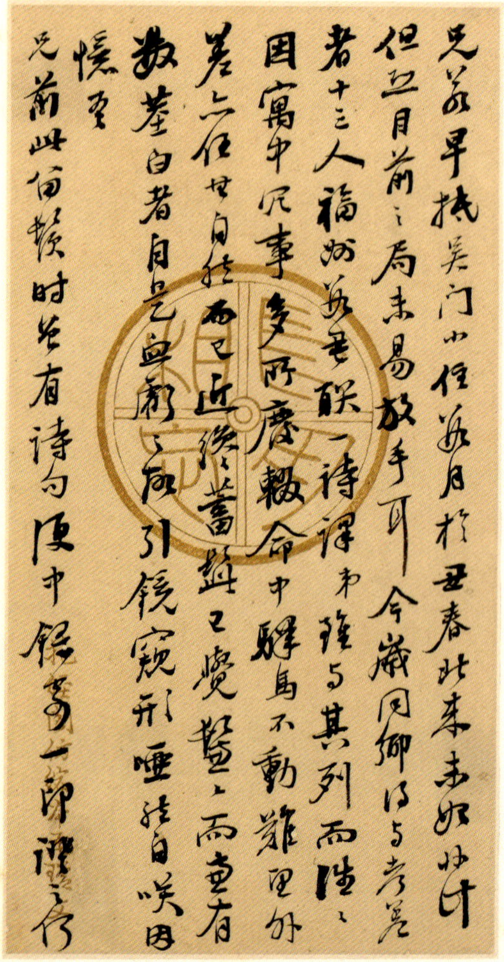

兄弟早抵吴门小住数月於丑春北来未如此计
但五月前之局未易放手耳今岁同乡得与考差
者十三人福州竟无联一诗谬弟获与其列而陪之
因寓中冗事多所废辍命中驿马不动离里外
若之任甘自往西也近复蓄疑之觉暂之而画有
数荃白者自已无聊之极引镜窥形唾往自哂因
憾至
兄前此句拟时尚有诗句復中録寄一節理之行

如张仲甫前有書来於撰同甫造草弟即祗拴
得之二分寄去想壬申癸酉间同甫在闽當
閣下唱和之作録便不少未知曾为检寄否希備
老兄法新读之想当抑理所藏有異俟之获数
君子読便踴躍但必及早预籌乃免临时且前且
却希以此意勤為蕭撰笺粉门第之弟復即義
道履佳读敬布不一
雪莊十兄大人同年閣下弟林則徐顿首
二月晦日

档案秘传

Archives

《太平天国海盐县粮户易知由单》

是为太平天国刻印颁发的海盐县粮户易知由单，规定有粮户纳粮与官吏实收之义务，粮户完纳粮米后即填写以为凭证。太平天国失败后，遗物毁失殆尽，此件钤有“海盐颜氏大海明月楼藏记”，知为纳粮户颜氏保存故物，洵希世之珍。卷后有新中国第一任上海市长陈毅、副市长潘汉年及著名学者张元济、周谷城、金兆梓题跋。

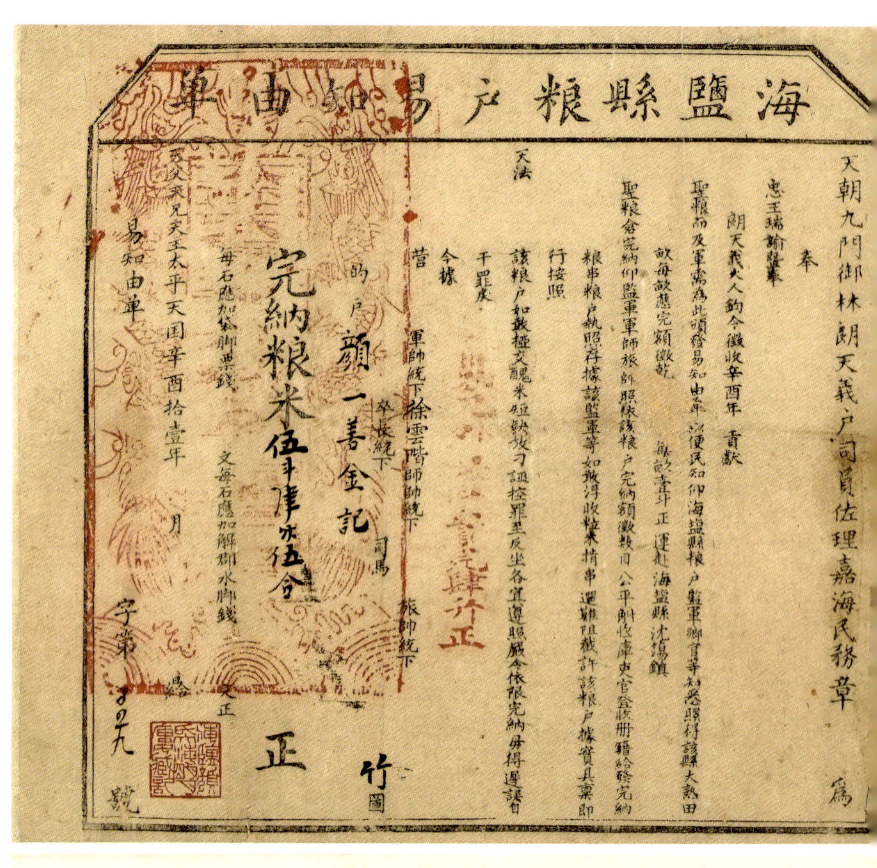

海鹽縣粮户易知由單

天朝九門御林朗天義户司員佐理嘉海民務章　爲
奉
忠王瑞諭發單
朗天義大人鈞令徵收辛酉年　貢獻
聖糧而及軍需為此頒發易知由單以便民知仰海鹽縣粮户監軍鄉官等知悉照得該縣大熟田
畝每畝應完額徵乾　每畝壹斗正運赴海鹽縣沈蕩鎮
聖粮倉完納仰監軍軍師旅帥照依該粮户完納額徵數目公平斛收庫吏官登收册籍給發完納
粮串粮户執照存據該監軍等如敢浮收粒米措串還難阻截許該粮户據實具稟即
行按照
天法
該粮户如敢抵交醜米短缺放刁誣控罪坐反坐各宜遵照嚴令依限完納毋得遲誤自
干罪戾。
今據
營　軍帥統下徐雲階師帥統下　旅帥統下
卒長統下　司馬
的户顏一善金記
完納粮米伍斗肆升伍合
每石應加糸脚票錢　文每石應加解郡水脚錢　文正
天父天兄天王太平天国辛酉拾壹年　月　日給
易知由單
字第四九號
正
竹圖

昨日偶至人民劇院看改良京劇太平天國二三合集所得印象甚深今見此件印象更深

周谷城 一九五一年

我去兩月在午門歷史博物館獲見古人之遺物不少合而不出又為在午門所未見希世奇珍也

金兆梓 一九五一年

庚寅 張元濟年八十四

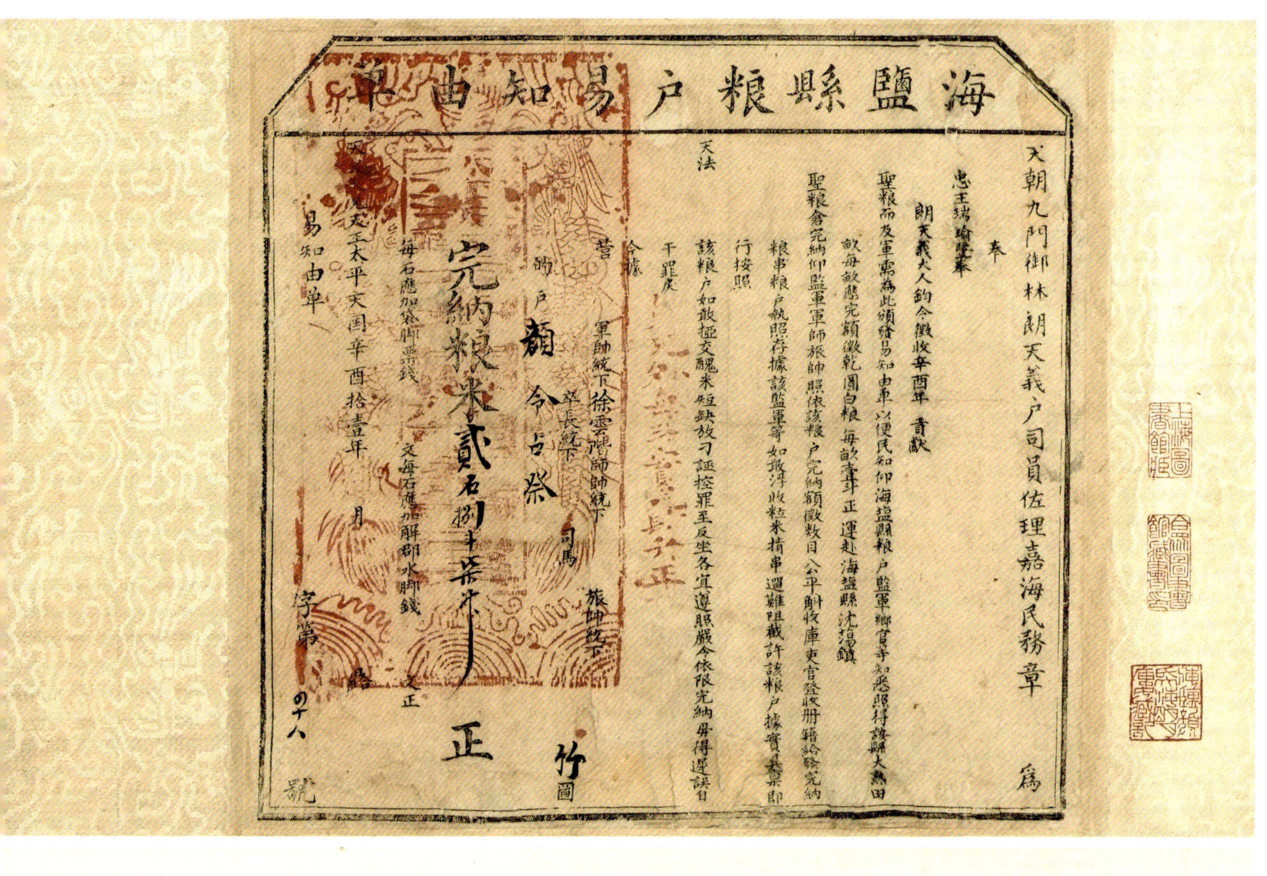

海鹽縣粮户易知由单

天朝九門御林朗天義户司員佐理嘉海民務章　為
奉
忠王璘諭坐軍
朗天義大人鈞令徵收辛酉年　貢獻
聖粮而及軍需為此頒發易知由單以便民知仰海鹽縣粮户監軍鄉官等知悉照得該縣大熟田
畝每畝應完額徵乾圓白粮　每畝壹斗正　運赴海鹽縣沈蕩鎮
聖粮倉完納仰監軍軍師旅帥照依該粮户完納額徵數目公平斛收庫吏官登收冊籍給發完納
粮串粮户執照存據該監軍等如敢浮收粒米措串遲難阻截許該粮户據實禀即
行按照
天法
干罪戾
該粮户如敢掗交醜米短缺放刁誣控罪至反坐各宜遵照嚴令依限完納毋得遲誤自
干罪戾
合據
营　軍帥統下徐雲階　師帥統下　卒長統下　司馬　旅帥統下
鄉户　顧令占　竹圖
完納粮米貳石捌斗柒升　正
每石應加解郷水腳錢　文　每石應加解郷水腳錢　文正
天父天兄天王太平天国辛酉拾壹年　月　日
易知由單　字第四十八號

太平天國遺物現已難得此件完整無缺甚可貴也

陳叔仲　一九四九年六月七日

該件是研究太平天國史實的參考物之一

潘兆年　一九四九年十二月三日

余童時侍母自粵東回海鹽時洪楊之亂甫就敉平清廷方謂其中興之盛洪氏遺蹟剷削惟恐不盡故太平天國之稱絕未入於余耳偶見有太平天國錢國字作囯與右單所刊同錢形製甚小且至窳陋未久亦不復存見右單又有鄉官之名鄉人多有曾充是職者每諱言之余年幼未能問其職掌今其人亦無一存焉者矣顧氏家

盛宣怀档案

盛宣怀档案是盛宣怀与其家族的档案总称，始于道光年间盛隆的档案，迄于民国二十六年（1937）愚斋义庄结束之时。该档案不仅时间跨度达百多年，而且数量为私家档案之最，达十五万余件。由于盛宣怀在近代史上的重要地位，以他为中心的这批档案内容丰富，包含着近代中国的方方面面，是研究中国近代史的第一手资料。

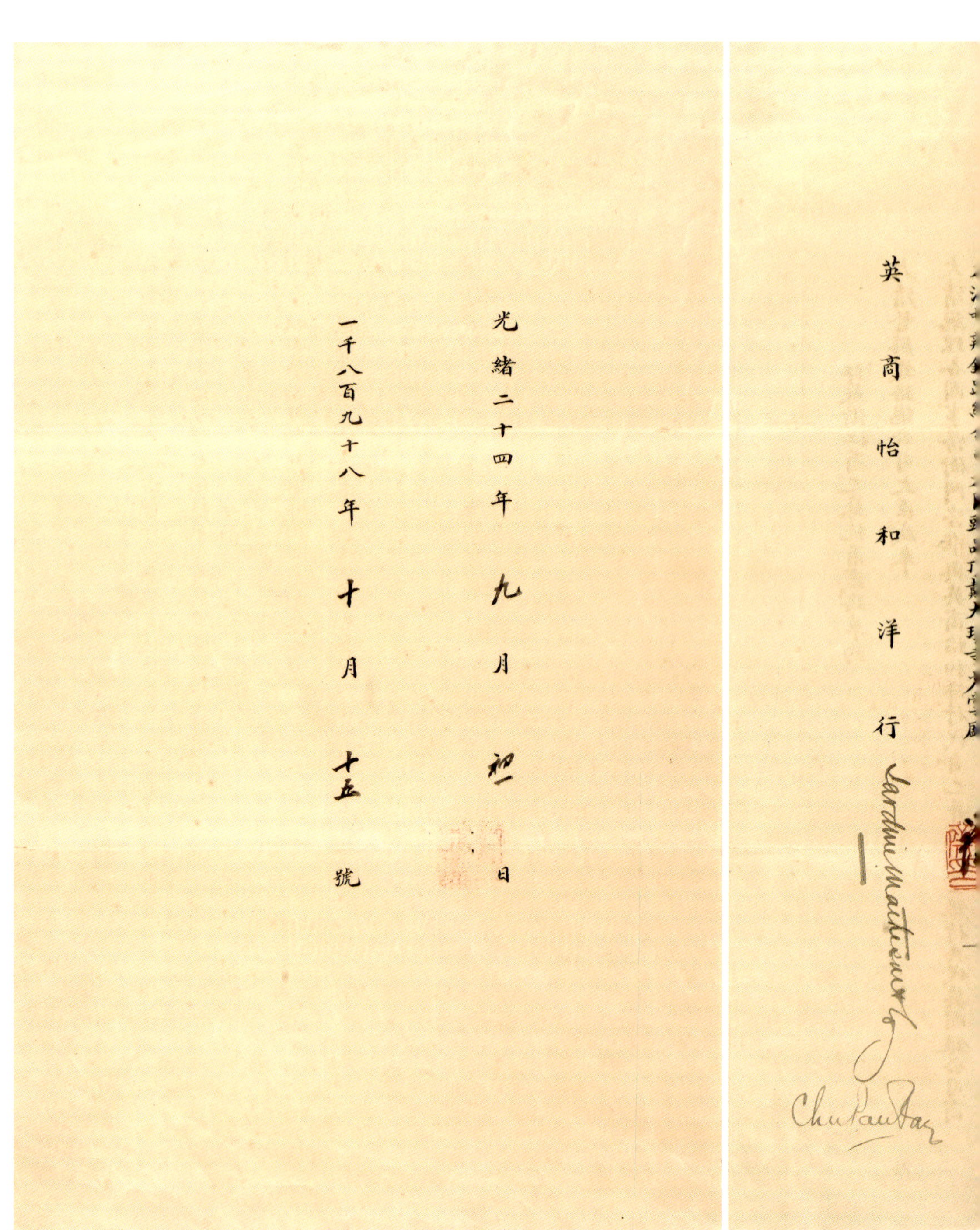

英商怡和洋行 Jardine Matheson & Co

光緒二十四年九月初一日

一千八百九十八年十月十五號

《拟办苏杭甬铁路草约》

第四款即行更正句按洋文更正二字應作調停二字

江蘇浙江省之蘇杭甬鐵路草約

大清督辦鐵路總公司大臣盛奉

大清總理各國事務衙門咨准與英商怡和洋行代自己并代滙豐銀行共代英國銀公司商

訂條款列左

第一款

今議定造辦鐵路由江蘇省之蘇州至浙江省之杭州及甯波訂立草約章程即與光緒二十四年閏三月二十三日即西歷一千八百九十八年五月十三號簽定之滬甯鐵路章程一樣

第二款

此合同第一款草約章程將來訂立正約仍當與嗣後商定核准之滬甯鐵路正約章程一樣

第三款

此合同簽定之後怡和洋行當從速代銀公司派工程司測勘第一款中所指各路總公司一面知會地方官員保護銀公司派出之勘路工程司等人

第四款

以上草合同先由督辦大臣畫押俟會商

撫部院如有地方窒碍之處即行更正仍俟訂正約時即行會同入

皇清經世續編乎此之不朽之業功千秋之盛業也某
不禁心焉儀之前曾文正公開府兩江幕中多名士
素所崇尚者為轉移風氣武功既戢之頃以文事飾之
閣下為合肥相國左右所賴正資擘畫商局電綫礦務
次第整頓皆有成效則所以補救昇平辦理洋務內
之最所當先者今中外共仰遐邇咸欽者
閣下首屈一指若能起而為之廣之雖如韜亦拭目以
俟九月間美國舉行大會會中之事必抄簡遞
韜前往赴韜老矣恐不任跋涉行止尚未定也所有送
公各物來而不精加遴選
朝廷特簡欽差往新會前早已去甚妙也秋季課卷呈
覽乞為評定甲乙以示表率都人士無不額手交慶
敘候不及縷陳專此尚勸頌寒祺伏冀萬萬
餘圖后布不備侍晚生王韜頓首上
元宵後四日

杏蓀方伯先生大人閣下久不修箋奉訊
起居祇以水波瀰渺海路迢遥南北修阻音問遂疏殊紉感
知懷德未嘗一日忘之于衷前閱
高論以洋務中當推商務爲第一商務之既合藉工作之多此西
國之所以盛行機器也事半功倍價廉工省而後有所贏餘
今則西國各近競增工值藉端把持將來恐亦未可久恃歐洲
諸國今當極盛之際日中則昃月滿則虧其勢然也比者韜
論歐洲近日情形自謂頗能見微而抉隱英雖能扶盈保泰
然衰几已兆亦復可虞其尚能高執牛耳者則在乎東
西立信仗義執言而已天下滔滔未知伊於胡底雖有智者亦
難逆覩也俄人鐵路既成與之爲鄰者不可不早爲之備
向來爲屏藩者四國今惟朝鮮僅存介於俄日之間時多
覬覦以後中外交涉益復棘手聞今歲天津乃擬淌去局
具[illegible]襄[illegible]圖略歎[illegible]手[illegible]

《王韬致盛宣怀函》

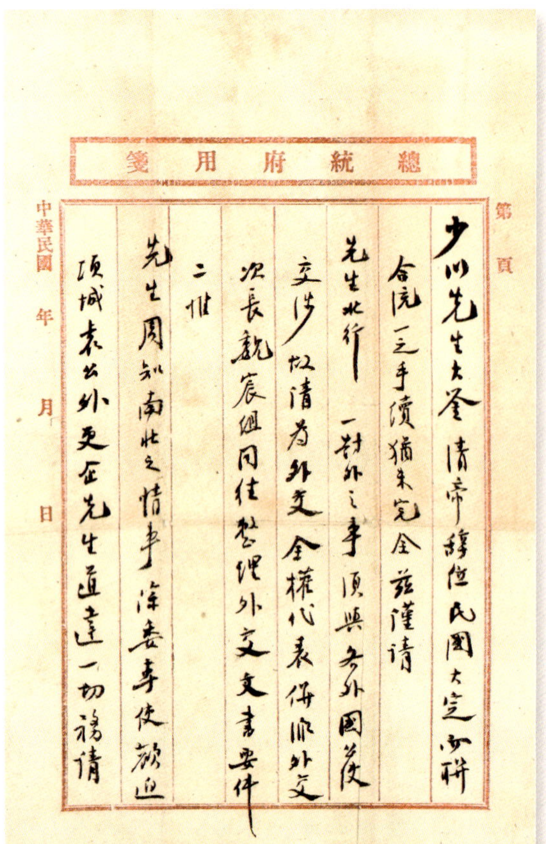

總統府用箋

第 頁

少川先生大鉴 清帝辞位民国大定而[illegible]
合统一之手续犹未完全 兹谨请
先生北行 一对外之事须与各外国交
涉故请为外交全权代表偕派外交
次长魏宸组同往整理外交文书要件
二推
先生周知南北之情事深喜专使欢迎
项城袁公外更延先生直达一切务请

中華民國 年 月 日

總統府用箋

第 頁

极动且有取消南京临时政府之嫌愤激不堪
袁公若不速来诚恐失各省及军人之信仰
而枝节横生从前种种调和终致不良之
结果甚非文与袁公之本意且在彼军众见
清帝退位诏中有全权组织政府之语袁公
不来南京则以为实受满清之委任而不认民
国之选举此一点终无由洗于民国历史亦为
不先协力为如何图维袁公亦有一虑此也

中華民國 年 月 日

總統府用箋

第 頁

袁公即日来南以副众望文亦得刻日卸
肩大局安全系于
先生此行 不胜盼祷专肃即颂
起居
孙文叩

中華民國 年 二月十六 日

唐绍仪档案

唐绍仪档案是唐绍仪个人的私家档案，现藏最早的是同治七年（1868）九月廿四日中山唐氏的《海埠合同》，最晚的是1930年12月3日的《港商协助建筑中山港之重要会议》。主要内容为二十世纪初到二十年代的档案。计三千余件。唐绍仪是清末民国初的政治要人，这此档案是研究辛亥革命和北洋政府的重要史料。

1912年2月16日

《孙文致唐绍仪函》

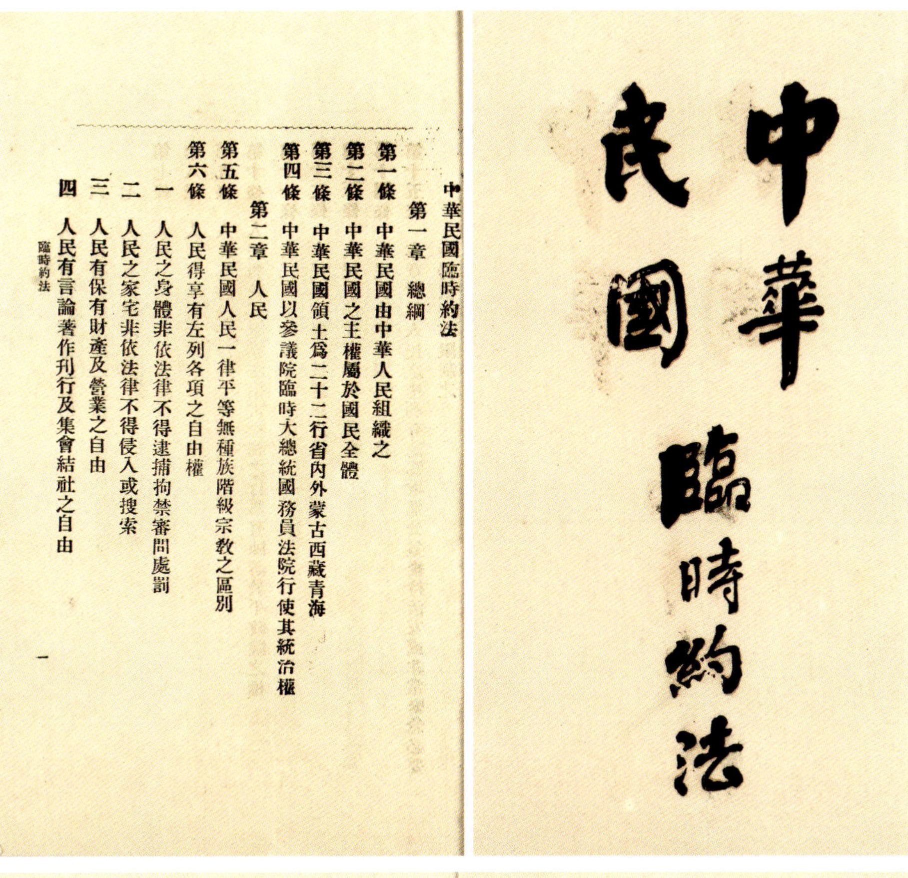

中華民國臨時約法

中華民國臨時約法

第一章 總綱

第一條 中華民國由中華人民組織之

第二條 中華民國之主權屬於國民全體

第三條 中華民國領土為二十二行省內外蒙古西藏青海

第四條 中華民國以參議院臨時大總統國務員法院行使其統治權

第二章 人民

第五條 中華民國人民一律平等無種族階級宗教之區別

第六條 人民得享有左列各項之自由權

一 人民之身體非依法律不得逮捕拘禁審問處罰

二 人民之家宅非依法律不得侵入或搜索

三 人民有保有財產及營業之自由

四 人民有言論著作刊行及集會結社之自由

臨時約法 一

臨時約法

法院之編制及法官之資格以法律定之

第四十九條 法院依法律審判民事訴訟及刑事訴訟但關於行政訴訟及其他特別訴訟別以法律定之

第五十條 法院之審判須公開之但有認為妨害安甯秩序者得秘審之

第五十一條 法官獨立審判不受上級官廳之干涉

第五十二條 法官在任中不得減俸或轉職非依法律受刑罰宣告或應免職之懲戒處分不得解職懲戒條規以法律定之

第七章 附則

第五十三條 本約法施行後限十個月內由臨時大總統召集國會其國會之組織及選舉法由參議院定之

第五十四條 中華民國之憲法由國會制定憲法未施行以前本約法之效力與憲法等

第五十五條 本約法由參議院參議員三分二以上或臨時大總統之提議經參議員五分四以上之出席出席員四分三之可決得增修之

第五十六條 本約法自公布之日施行臨時政府組織大綱於本約法施行之日廢止

八

中華民國元年三月十一日經臨時大總統公佈施行

臨時約法 九 參議院刊

1912年3月11日

《中华民国临时约法》

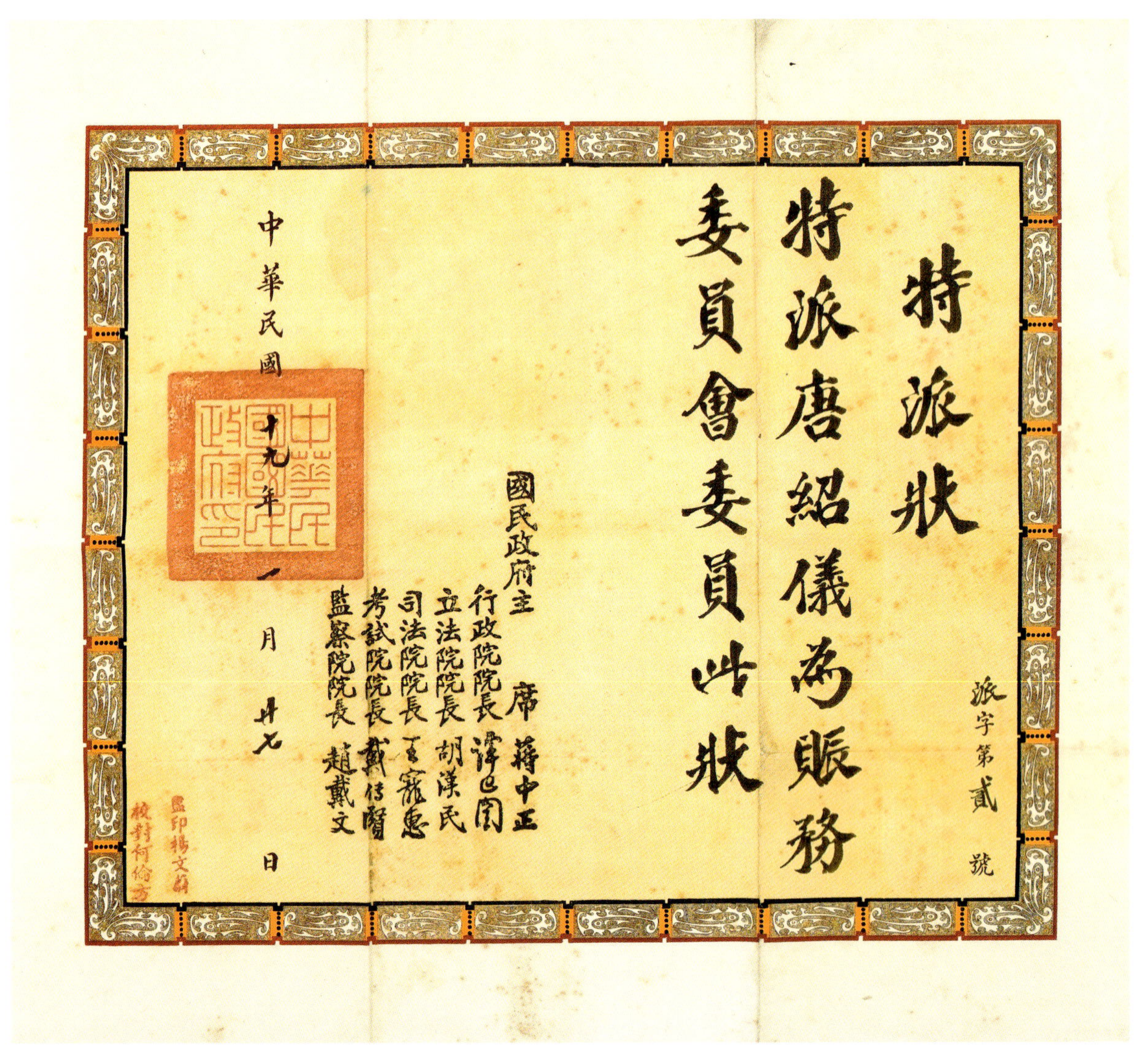

特派狀

特派唐紹儀為賑務
委員會委員此狀

派字第貳號

國民政府主席 蔣中正
行政院院長 譚延闓
立法院院長 胡漢民
司法院院長 王寵惠
考試院院長 戴傳賢
監察院院長 趙戴文

中華民國十九年一月廿七日

1930 年 1 月 27 日《国民政府特派状》

女生書籍受檢閱

一市政府公安局員檢閱女學生所携書籍其右手持有手槍顯見形勢嚴重（M）

近代特藏

Modern Special Collections

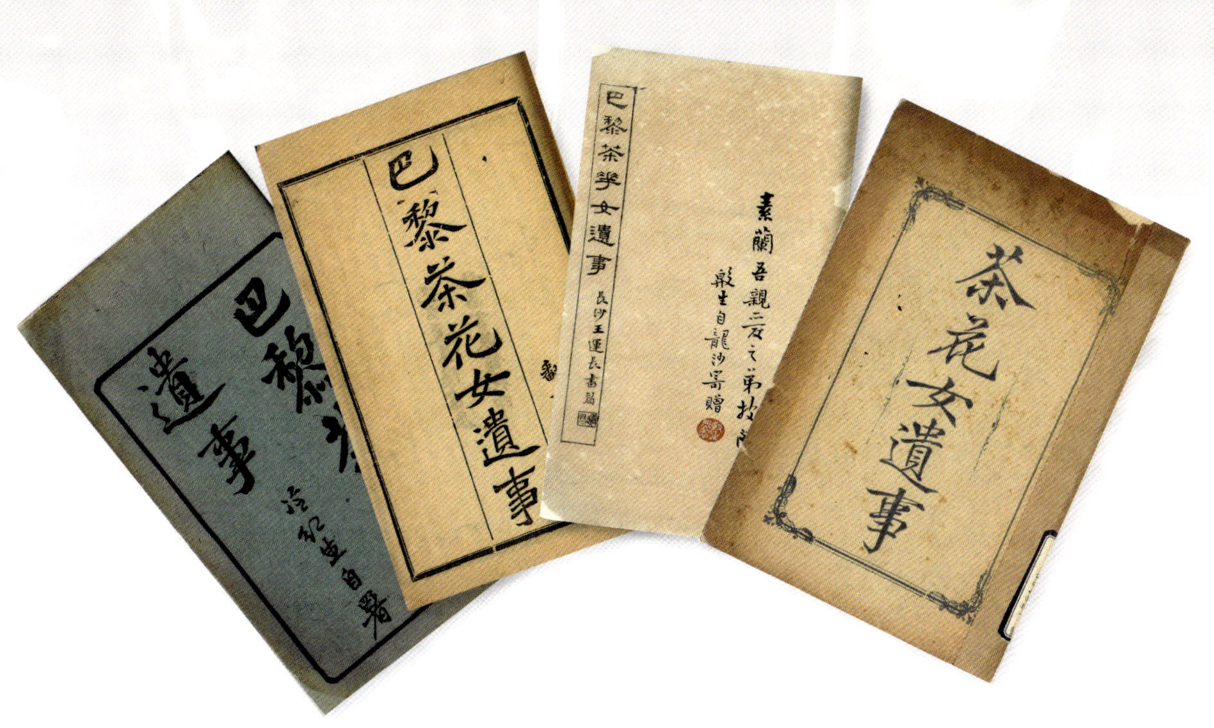

上海小校场年画

上海小校场年画为中国年画的一个重要分支，具有存世稀少、题材新颖、内容紧扣时事、充满都市气息等特点，其出品高峰约在1890年前后，见证了中国木版年画最后一段辉煌。上海图书馆现藏有小校场年画200余幅，冠绝国内外。

《闹新房》

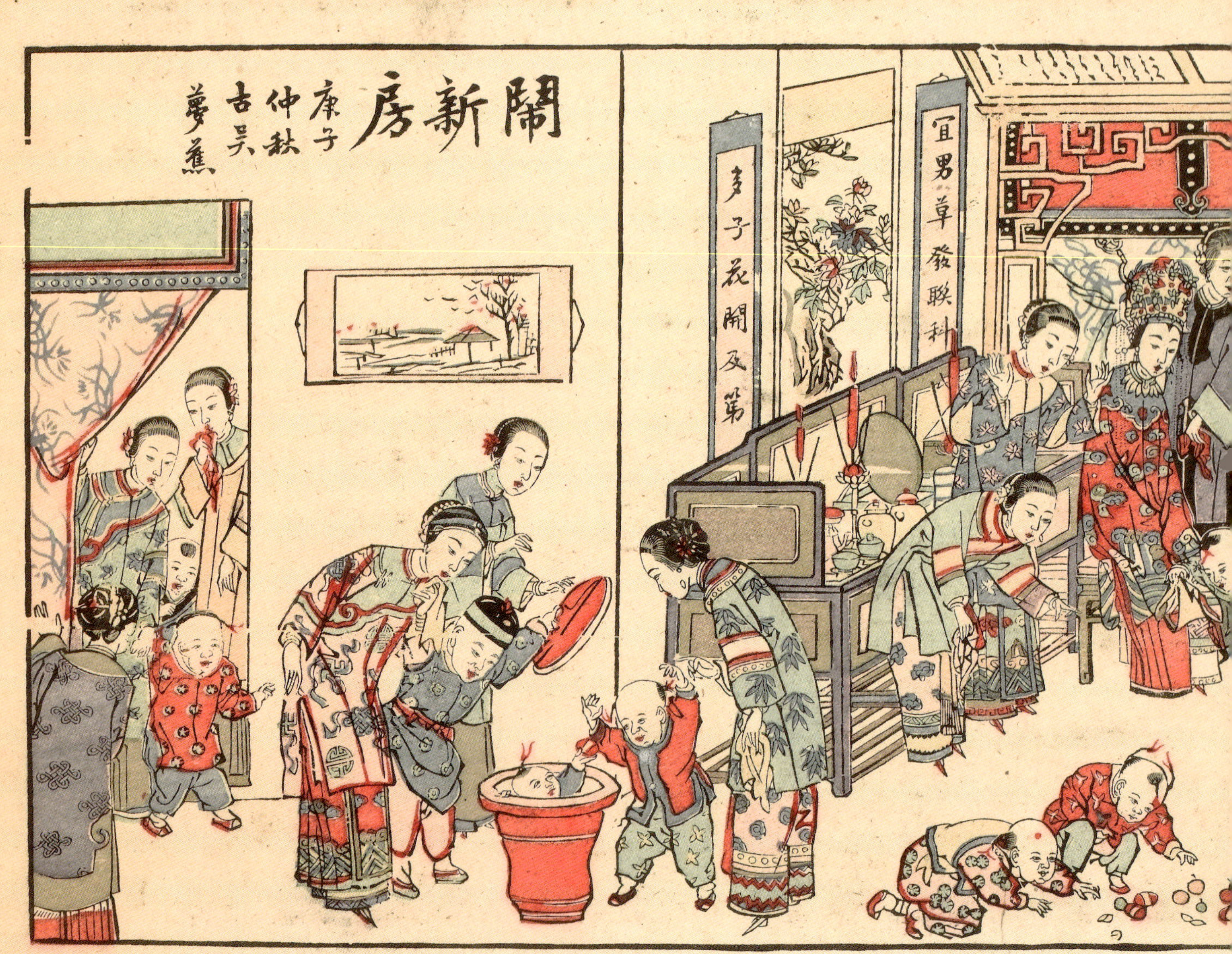

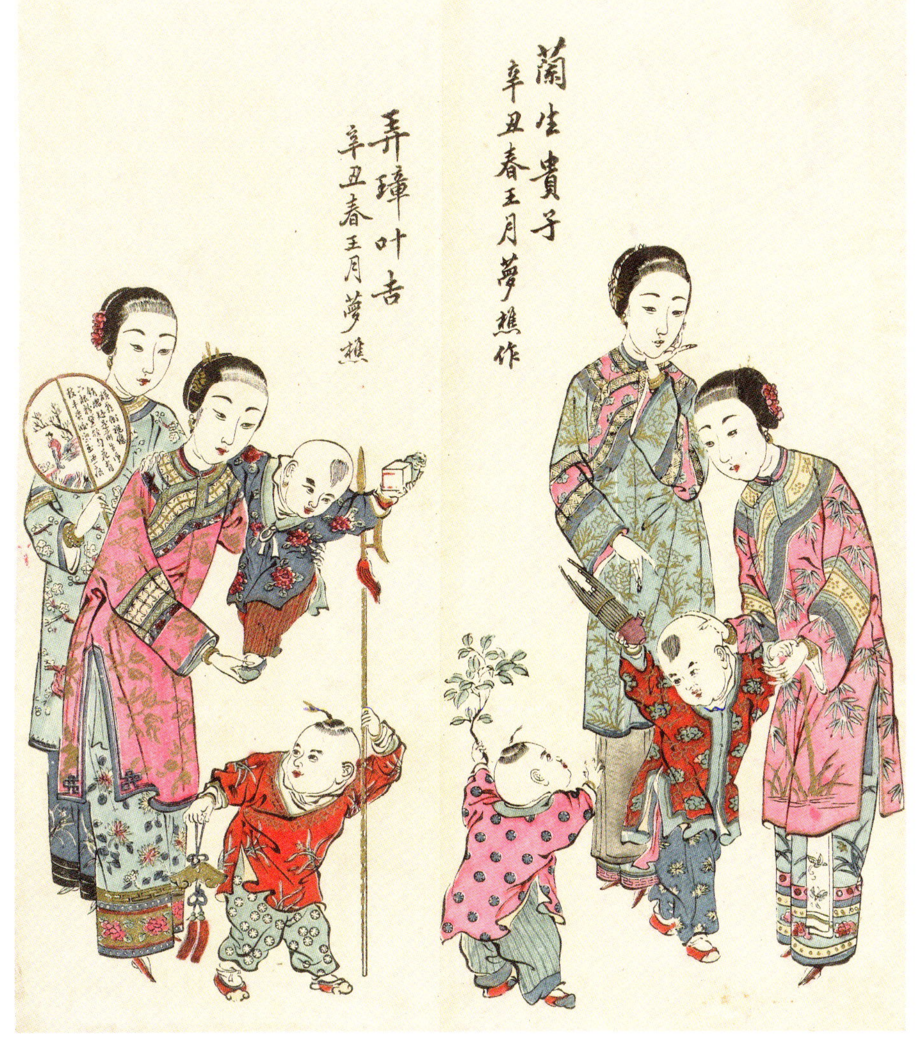
蘭生貴子
辛丑春王月夢樵作
弄璋叶吉
辛丑春王月夢樵

《兰生贵子　弄璋叶吉》

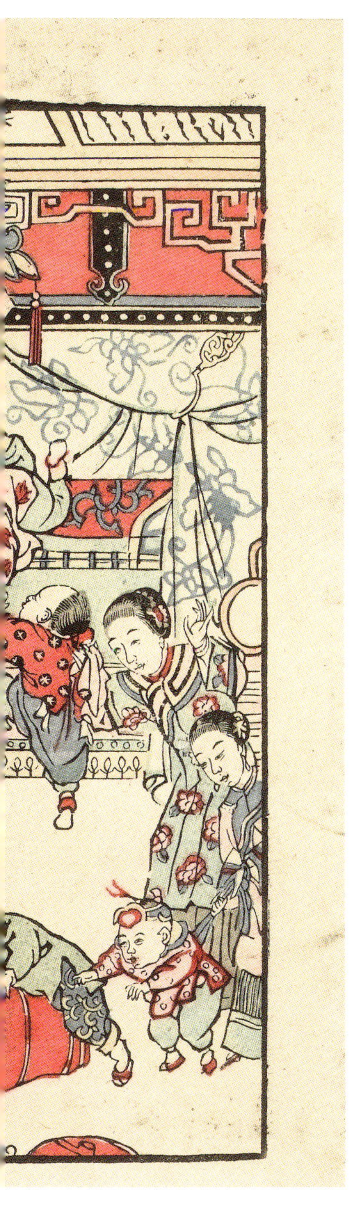

《合家欢》

《海上第一名园》

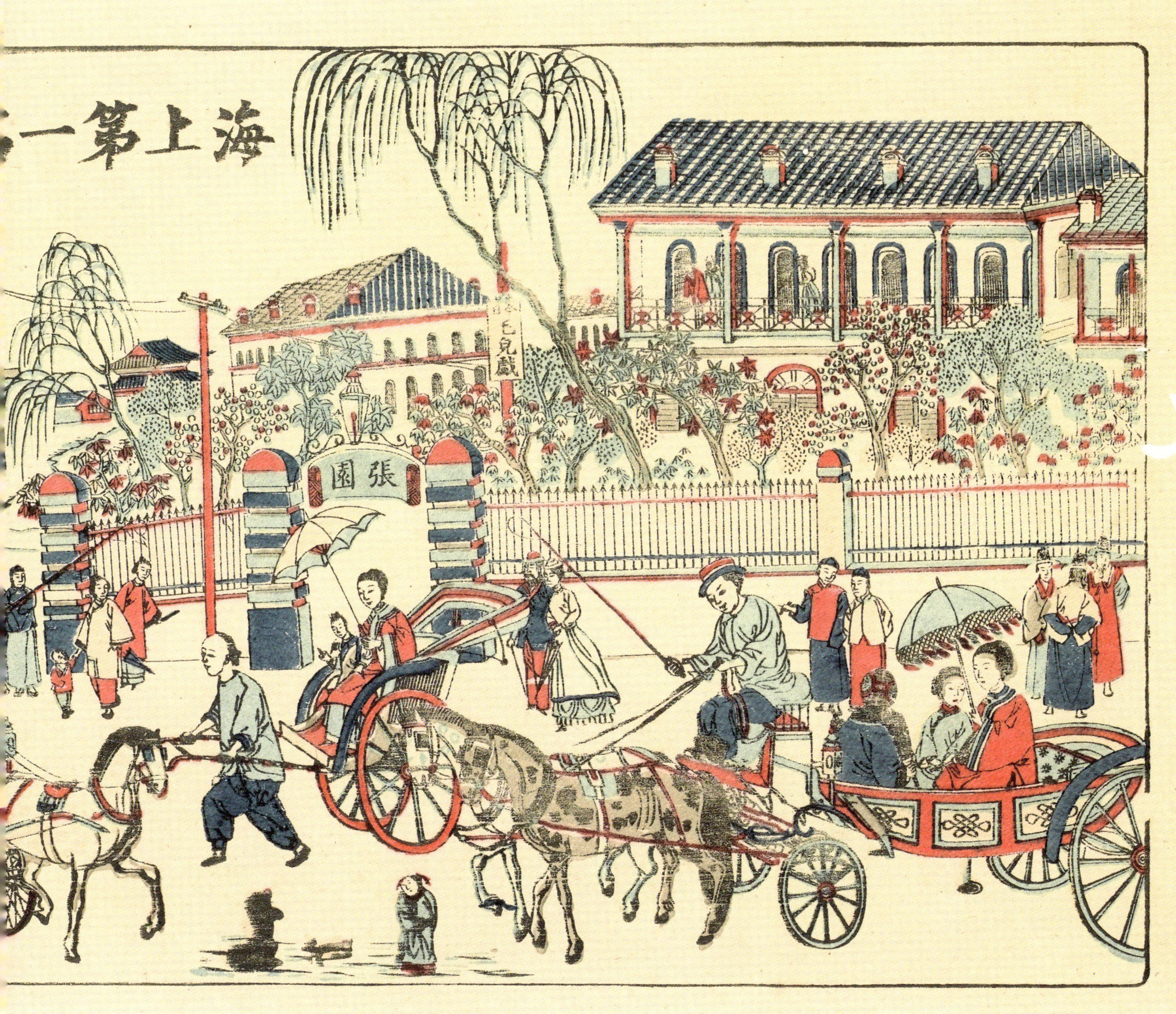

20世纪20年代末外滩全貌

孙中山题赠牛尚周

历史原照

上海图书馆藏有历史原照十万余张，以原底、原印，生成于1949年前为界定标准。这些照片时间跨度大，地域范围广，种类繁多，内容丰富，更有些因年代久远、存世罕见而堪称孤品，具有较高文献研究价值和文物鉴赏价值。

《京张路工摄影》

《辛丑条约》签订现场

清末民初戏单

近代上海可谓各地曲艺演出的集中地，京剧、越剧、沪剧竞相争艳，而外洋风俗的浸染，又催生了话剧和电影两大新兴娱乐。戏单正是对这一往日胜景最忠实的历史记录，在岁月流逝中为一些重要剧目提供了第一手演出信息。

电影：《山东马永贞》上映海报

京剧：丹桂第一台演出戏单

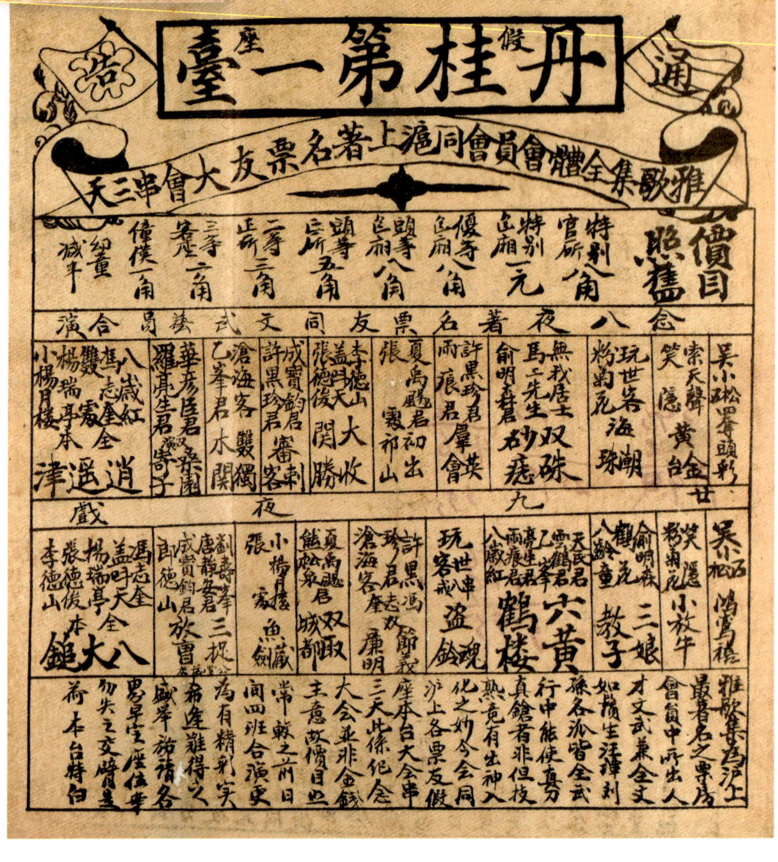

话剧：《蔡松坡》演出说明书

沪剧：文滨剧团演出说明书

话剧：《清宫怨》演出说明书

越剧：《玉堂春》演出说明书

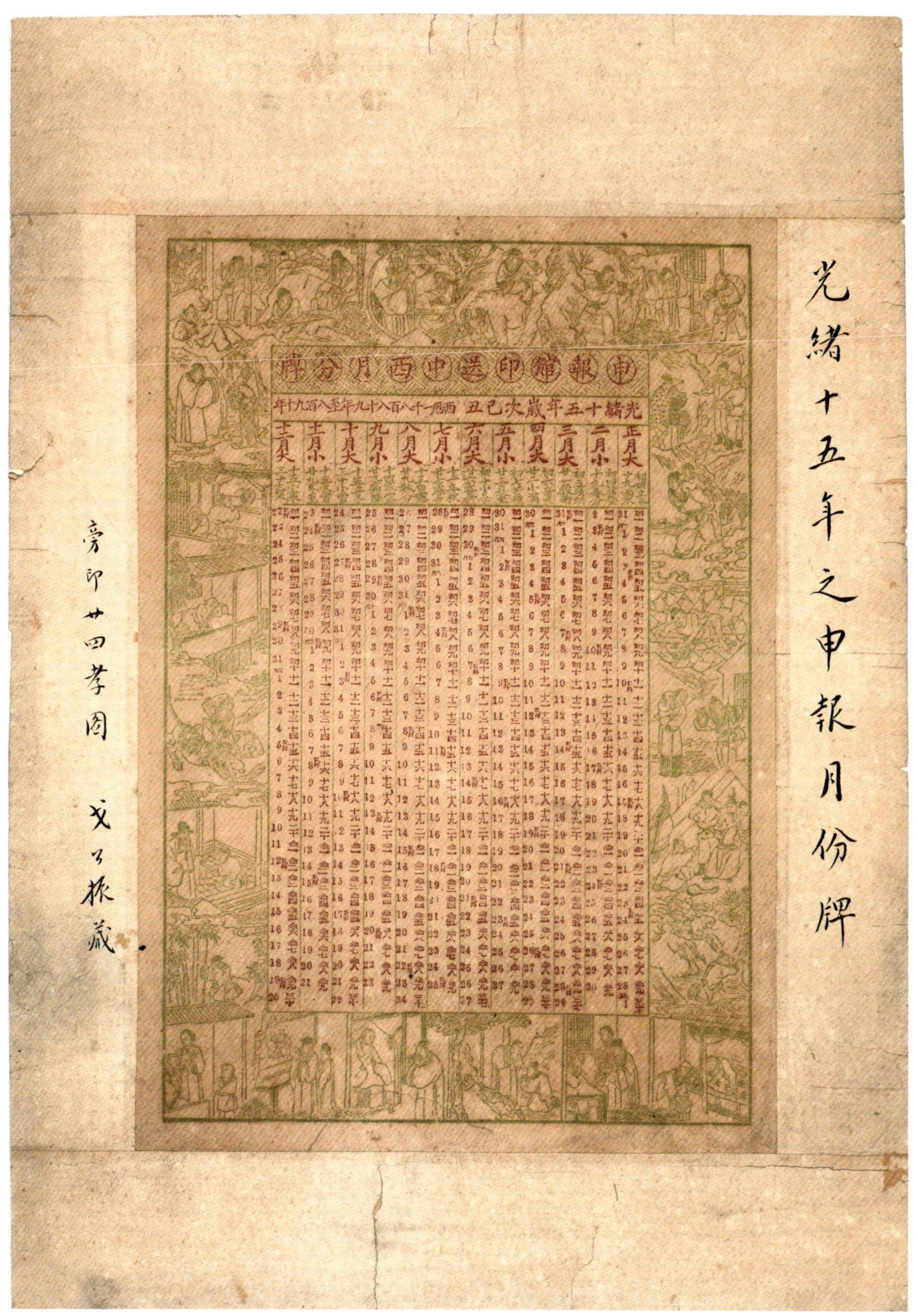

申报馆印送中西月份牌·二十四孝图

月份牌是印有月历、节令的商品广告画，脱胎于木版年画。月份牌发轫于上海，随近代国内工商业之兴而兴，逐渐以时装美女为主题而风靡一时。此为现存最早月份牌，发行于 1889 年，存世仅见，为新闻史学家戈公振生前珍藏。

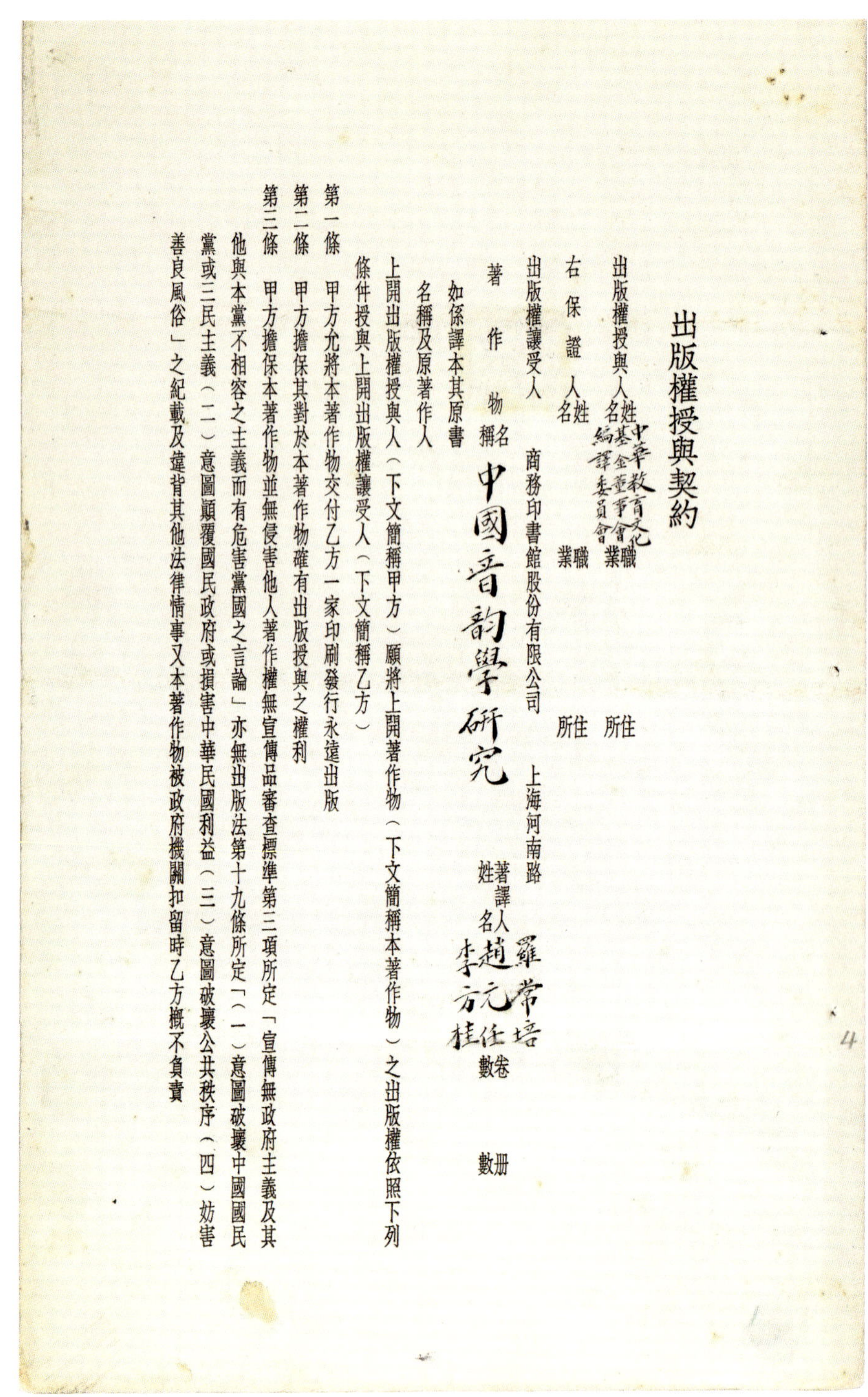

出版權授與契約

出版權授與人姓名 中華教育文化基金董事會編譯委員會 職業 住所

右保證人姓名 職業 住所

出版權讓受人 商務印書館股份有限公司 上海河南路

著作物名稱 中國音韻學研究 著譯人姓名 羅常培 趙元任 李方桂 卷數 冊數

如係譯本其原書名稱及原著作人

上開出版權授與人（下文簡稱甲方）願將上開著作物（下文簡稱本著作物）之出版權依照下列條件授與上開出版權讓受人（下文簡稱乙方）

第一條 甲方允將本著作物交付乙方一家印刷發行永遠出版

第二條 甲方擔保其對於本著作物確有出版授與之權利

第三條 甲方擔保本著作物並無侵害他人著作權無宣傳品審查標準第三項所定「宣傳無政府主義及其他與本黨不相容之主義而有危害黨國之言論」亦無出版法第十九條所定「（一）意圖破壞中國國民黨或三民主義（二）意圖顛覆國民政府或損害中華民國利益（三）意圖破壞公共秩序（四）妨害善良風俗」之紀載及違背其他法律情事又本著作物被政府機關扣留時乙方概不負責

4

《出版权授与契约》

商务印书馆在中国近现代出版史上举足轻重，此为1936年至1938年间商务印书馆与中华教育文化基金会签订之出版合同原件，共21份，保存完整，对近现代出版史研究有重要价值；其中胡适、王云五、李宣龚等名人亦留有签名，弥显珍贵。

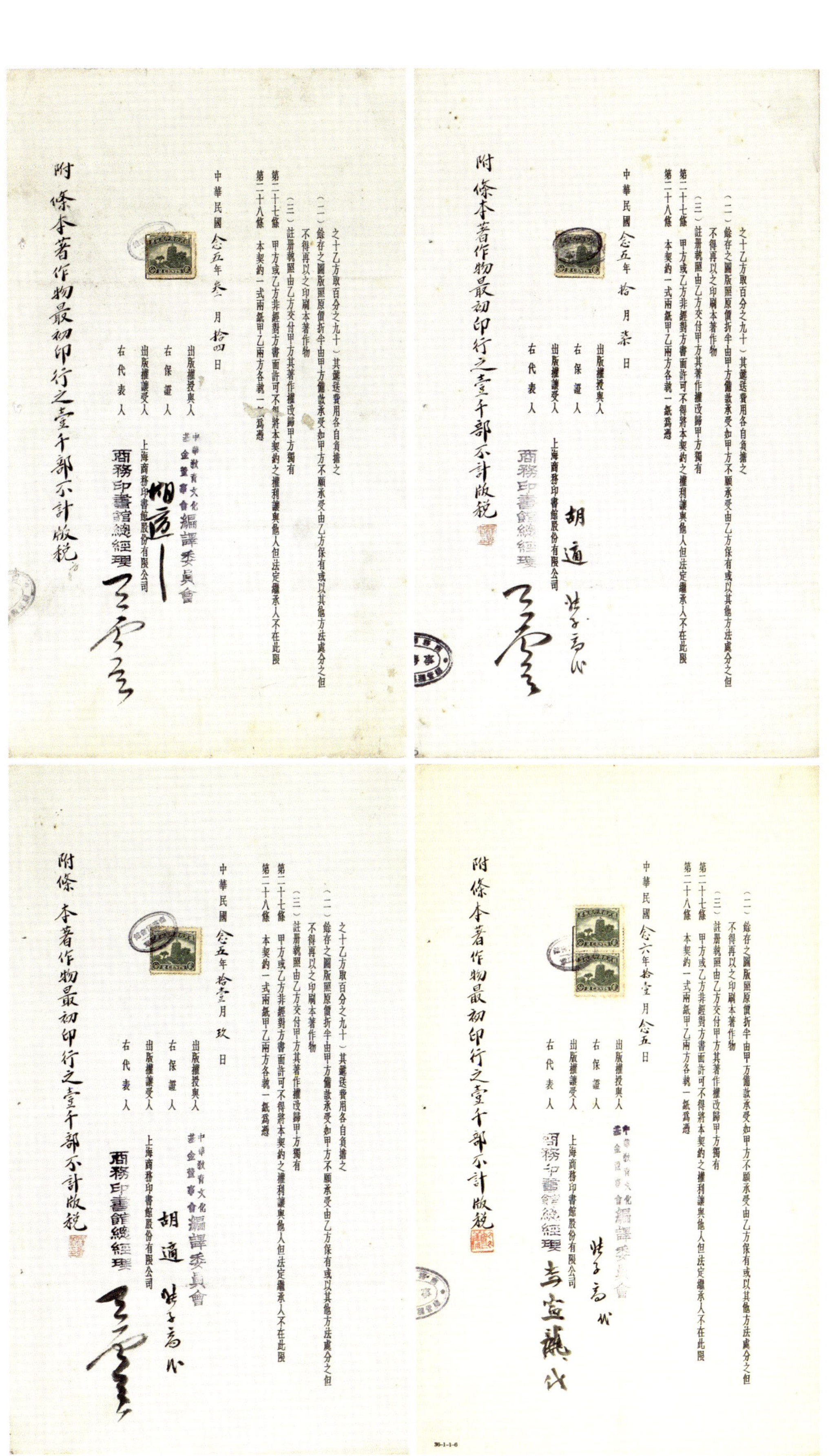

之十乙方取百分之九十）其鏟廷費用各自負擔之
（二）餘存之圖版照原價折半由甲方備款承受如甲方不願承受由乙方保有或以其他方法處分之但
不得再以之印刷本著作物
（三）註册執照由乙方交付甲方其著作權改歸甲方獨有
第二十七條　甲方或乙方非經對方書面許可不得將本契約之權利讓與他人但法定繼承人不在此限
第二十八條　本契約一式兩紙甲乙兩方各執一紙為憑

中華民國廿五年叁月拾四日

出版權授與人　中華教育文化基金董事會編譯委員會　胡適
右保證人
出版權讓受人　上海商務印書館股份有限公司
右代表人　商務印書館總經理

附條　本著作物最初印行之壹千部不計版稅

之十乙方取百分之九十）其鏟廷費用各自負擔之
（二）餘存之圖版照原價折半由甲方備款承受如甲方不願承受由乙方保有或以其他方法處分之但
不得再以之印刷本著作物
（三）註册執照由乙方交付甲方其著作權改歸甲方獨有
第二十七條　甲方或乙方非經對方書面許可不得將本契約之權利讓與他人但法定繼承人不在此限
第二十八條　本契約一式兩紙甲乙兩方各執一紙為憑

中華民國廿五年拾月柒日

出版權授與人　胡適
右保證人
出版權讓受人　上海商務印書館股份有限公司
右代表人　商務印書館總經理

附條　本著作物最初印行之壹千部不計版稅

之十乙方取百分之九十）其鏟廷費用各自負擔之
（二）餘存之圖版照原價折半由甲方備款承受如甲方不願承受由乙方保有或以其他方法處分之但
不得再以之印刷本著作物
（三）註册執照由乙方交付甲方其著作權改歸甲方獨有
第二十七條　甲方或乙方非經對方書面許可不得將本契約之權利讓與他人但法定繼承人不在此限
第二十八條　本契約一式兩紙甲乙兩方各執一紙為憑

中華民國廿五年拾壹月玖日

出版權授與人　中華教育文化基金董事會編譯委員會　胡適
右保證人
出版權讓受人　上海商務印書館股份有限公司
右代表人　商務印書館總經理

附條　本著作物最初印行之壹千部不計版稅

（二）餘存之圖版照原價折半由甲方備款承受如甲方不願承受由乙方保有或以其他方法處分之但
不得再以之印刷本著作物
（三）註册執照由乙方交付甲方其著作權改歸甲方獨有
第二十七條　甲方或乙方非經對方書面許可不得將本契約之權利讓與他人但法定繼承人不在此限
第二十八條　本契約一式兩紙甲乙兩方各執一紙為憑

中華民國廿六年拾壹月廿五日

出版權授與人　中華教育文化基金董事會編譯委員會
右保證人
出版權讓受人　上海商務印書館股份有限公司
右代表人　商務印書館總經理

附條　本著作物最初印行之壹千部不計版稅

36-1-1-6

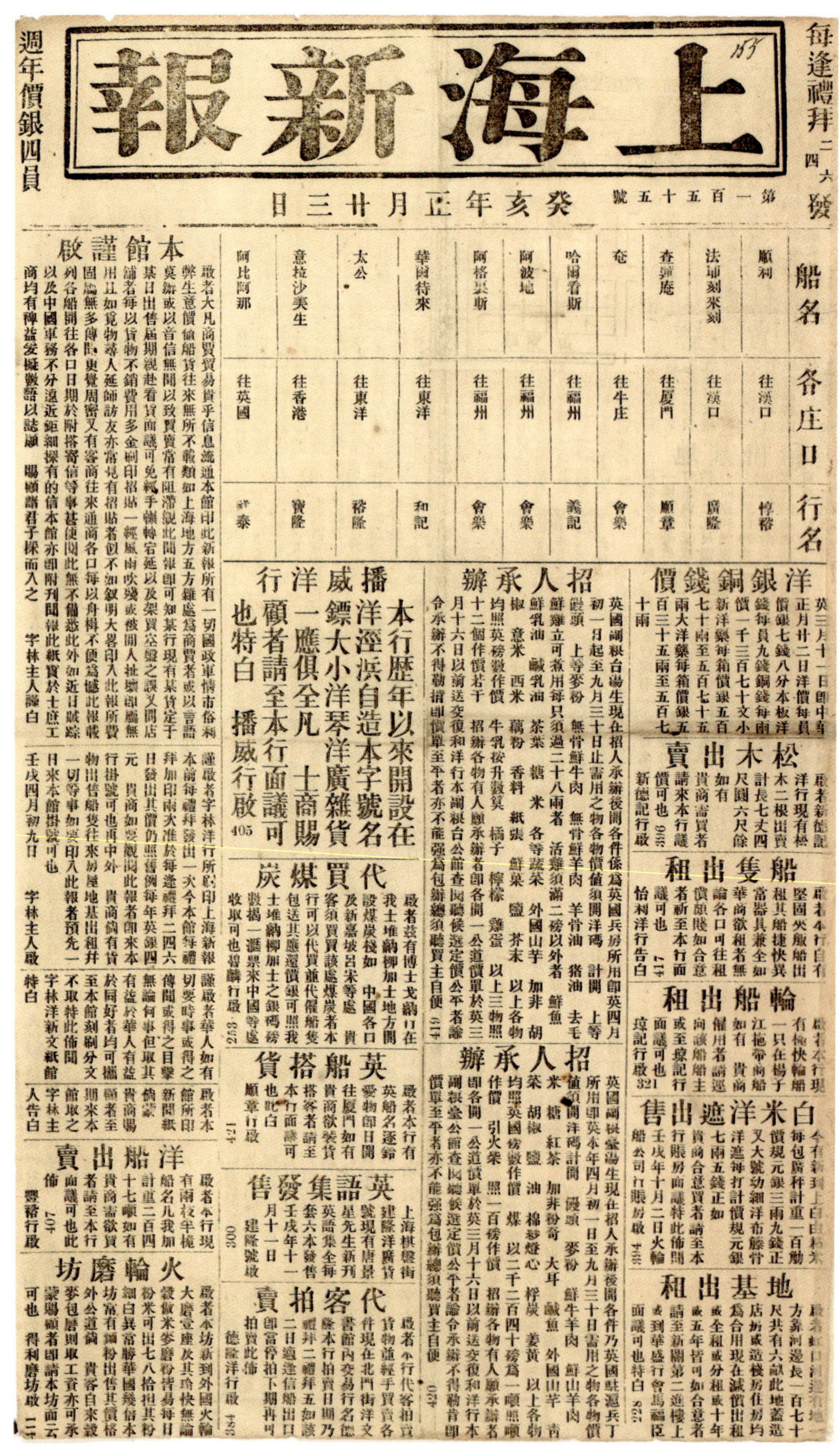

每逢禮拜二四六發

上海新報

週年價銀四員

第一百五十五號　癸亥年正月廿三日

船名	各庄口	行名
順利	往漢口	惇裕
法埠刻來刻	往漢口	廣隆
查彌庵	往厦門	順章
奄	往牛庄	會樂
哈爾看斯	往福州	義記
阿波地	往福州	會樂
阿格罢斯	往福州	會樂
華爾待來	往東洋	和記
太公	往東洋	裕隆
意拉沙美生	往香港	寶隆
阿比阿那	往英國	祥泰

洋銀銅錢價

英三月十一日即中曆正月廿二日洋價每員價銀七錢八分本板洋錢每員九錢銅錢每兩價一千三百七十文小新洋藥每箱價銀五百七十兩至五百七十五兩大洋藥每箱價銀五百三十五兩至五百七十兩

松木出賣

啟者新德記洋行現有松木二根出賣計長七丈四尺圓六尺餘如有貴商需買者請來本行議價可也　新德記行啟

船隻出租

啟者本行自有堅固夾舨船出租其船捷快異常器具兼全如華商欲租者無論各口可往租價願賤如合意者祈至本行面議可也　417　怡利洋行告白

輪船出租

啟者本行現有極快輪船一只在楊子江拖帶商船如有貴商僱用者請逕向該船船主或至璟記行面議可也　璟記行啟　321

白米洋遮出售

今有新到上白白米每包廣秤計重一百觔價規元銀三兩九錢正又大號幼細洋布籐骨洋遮每打計價規元銀七兩五錢正如貴商合意買者請至本行賬房面議特此佈聞　壬戌年十月二日火輪船公司行賬房啟

地基出租

啟者虹口河邊有地一方靠河邊長一百七十尺共有六畝此地蓋造店房或造棧房住房均為合用現在減價出租或全租或分租或十年或五年皆可如合意者請至新關第二進樓上或到華盛行會馬福臣面議可也特白

招人承辦

英國副粮台湯生現在招人承辦後開各件係為英國兵房所用即英四月初一日起至九月三十日止需用之物各物價值須開洋碼　計開　上等麪頭　上等麥粉　無骨鮮牛肉　無骨鮮羊肉　羊骨油　猪油　去毛鮮雞立可煮用每只須過二十八兩者　活雞須滿二磅以外者　鮮魚　鮮乳油　鹹乳油　茶葉　糖　米　各等蔬菜　外國山芋　加非　胡椒　意米　西米　藕粉　香料　紙張　鮮菓　鹽　芥末　以上各物均照英磅數作價　牛乳按升數算　橘子　檸檬　雞蛋　以上三物照十二個作價若干　招辦各物有人願承辦者即各開一公道價單於英三月十六日以前送交復和洋行本副粮台公館查閱聽候選定價公平者諭令承辦不得勒掯即價單至平者亦不能强為包辦總須聽買主自便

招人承辦

英國副粮臺湯生現在招人承辦後開各件乃英國駐滬兵丁所用即英本年四月初一日至九月三十日需用之物各物價值須開洋碼計開　饅頭　麥粉　鮮牛羊肉　鮮山羊肉　米　糖　紅茶　加非粉奇　大耳　鹹魚　外國山芋　青菜　胡椒　鹽　油　棉紗燈心　桴炭　姜黃　以上各物均照英國磅數作價　煤　以二千二百四十磅為一噸照噸作價　引火柴　照一百磅作價　招辦各物有人願承辦者即各開一公道價單於英三月十六日以前送交復和洋行本副粮臺公館查閱聽候選定價公平者諭令承辦不得勒掯即價單至平者亦不能强為包辦總須聽買主自便

播威洋行

本行歷年以來開設在洋涇浜自造本字號名鏢大小洋琴洋廣雜貨一應俱全凡士商賜顧者請至本行面議可也特白　播威行啟　405

代買煤炭

啟者茲有博士戈納行在我士堆納柳加士地方開設煤炭棧如中國各口及新嘉坡呂宋等處貴客須買該處煤炭者本行可以代買並代僱船隻包送其應還價銀可照我士堆納柳加士之銀碼務數揭一滙票來中國等處收取可也　習麟行啟　263

英船搭貨

啟者本行有英船名遜錦愛物即日開往厦門如有貴商欲裝貨搭客者請至本行面議可也此白　順章行啟　421

英語集發售

上海棋盤街建隆洋廣貨號現有唐景星先生新刊英語集全每套六本發售　壬戌年十一月十一日　建隆號啟　300

代客拍賣

啟者本行代客拍賣貨物並經手買賣各件現在北門街洋文書館內交易行名德隆本行拍賣日期乃禮拜二禮拜五如該二日適逢信船出口即當停拍下期再可拍賣此佈　德隆洋行啟　384

本館謹啟

啟者大凡商賈貿易貴乎信息流通本館印此新報所有一切國政軍情市俗利弊生意價值船貨往來無所不載類如上海地方五方雜處為商賈者或以言語莫辦或以音信無聞以致買賣常有阻滯閱此報即可知某行現有某貨定于某日出售屆期親赴看貨面議可免紙手轉宕延以及架買空盤之誤又開店舖者每以貨物不銷費用多金刷印招貼一經風雨吹殘或被閒人扯壞即屬無用且如覓物尋人延師訪友亦常見有招貼者似不如叙明大畧印入此報所費固屬無多傳閱更覺周密又有客商往來通商各口每以舟楫不便為憾此報載列各船開往各口日期於附搭寄信等事甚便閱此無不備悉此外如近日賊踪以及中國軍務不分遠近鉅細採有的信本館亦即附列聞報此紙實於士庶工商均有裨益爰擬數語以誌顛末　賜顧諸君子採而入之　字林主人謹白

謹啟者字林洋行所刷印上海新報本前每禮拜發出一次今本館每禮拜加印兩次准於每逢禮拜二四六日發出其價仍照舊例每年英銀四元　貴商如要觀閱此報者即來本行掛號可也再中外　貴商倘有貨物出售船隻往來房屋地基出租并一切等事如要印入此報者預先一日來本館掛號可也　壬戌四月初九日　字林主人啟

謹啟者華人如有切要時事或得之傳聞或得之目擊無論何事但取其有益於華人有益於同好者均可攜至本館刻刷分文不取特此佈聞　字林洋新文紙館特白

啟者本館所印新聞紙倘蒙　貴商賜顧者至期來本館取之　字林主人告白

洋船出賣

啟者本行現有兩枝半桅船名几我加計重二百四十七噸如有　貴商需欲買者請至本行面議可也此佈　407　豐裕行啟

火輪磨坊

啟者本坊新到外國火輪大磨壹座及其玲快無論穀做米麥磨粉皆易每日粉米可出七八拾担其粉細白異常勝華國幾倍本坊常有麵粉出售其價格外公道倘　貴客自來穀麥包磨則取工資亦可承蒙賜顧者即請本坊面云可也　得利磨坊啟

《上海新报》

1861年12月创刊,1872年12月停刊。北华捷报馆创办,字林洋行发行,为上海地区发行的第一张商业中文报纸。该报一直由华美德、傅兰雅和林乐知等英美传教士担任主编。

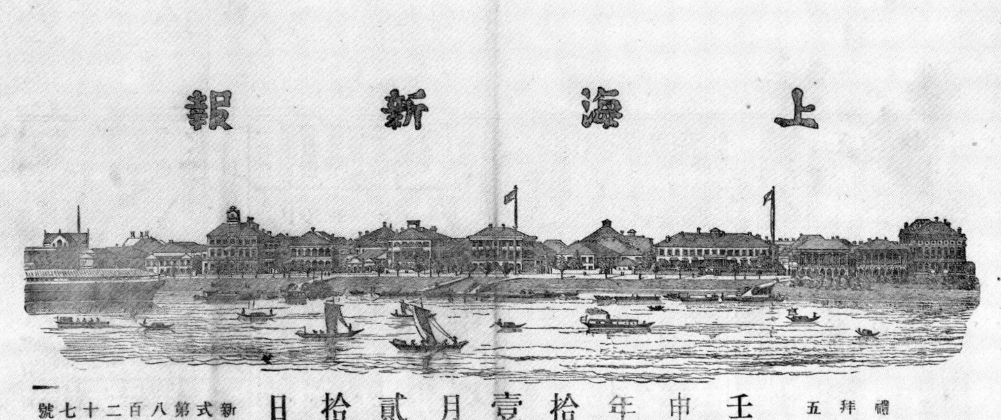

上海新報

禮拜五　壬申年拾壹月貳拾日　新式第八百二十七號

No. 827.　SHANGHAI, FRIDAY, 20TH DECEMBER, 1872.　NEW SERIES.

拍賣帆船

啟者今於本月二十日即禮拜五兩點鐘在廣東路第十號本行內拍賣英國帆船一隻名馬耳得辦此船能載貨四百噸現泊上海黃浦內船中各物一概拍賣另有細單　貴客欲知底細請先至華商王姓行內或至本行亦可船上有大砲四門其船拍定後再行拍賣欲買者屆期請來面拍可也此佈

十一月十三日　裕盛洋行啟　223

輪船來往香港上海

啟者本行有好駛堅固大火輪船香港上海來往每月開行四次按每禮拜開行一次附搭貨物水脚便宜船上買辦照料火頭服侍一切茶飯格外週到　諸公等搭貨搭客者幸照垂顧焉

壬申九月初五日　太古洋行啟　199

輪船招租

謹啟者本行有輪船一隻名平安於今年二月間上老船廠修理機器板木撓錨等俱已換新共計修理九八元壹萬三千兩另船身與新一式堅固船已報險行駛更快開往各口等處現歸同孚公正棧公司經管倘蒙　貴客裝儎貨物水脚格外公道如賜顧者請至帳房面議可也又有協泰公司輪船一隻名凱利司船身堅固來往迅速業已報險亦歸同孚公正棧公司經管如　貴客或租或寫或裝貨往各口者水脚格外平直蒙　賜顧者請至帳房面議可也

同孚公正公司告白　154

大木出售

啟者本行有木出售不日即到上海其木能為梁木及河沿排木與一切等用俱能合式欲買者請至本行面議可也特此佈

閏七月初十日　載生洋行啟　871

德來洋行啟

啟者杜祿架在上洋多年經手代客寫船寫載以及報關倘有　貴客寫船寫載報關請至本行面議可也現在法蘭西公館右邊

德來洋行謹啟　133

呀咈保險公司　豐泰洋行經理

啟者本公司專保中外各口不論裝載貨物並往返水脚銀兩均可保安其費格外公道倘蒙　賜顧請至小行面議可也此佈

同治十一年七月十一日　豐泰洋行啟　173

上海股份行情紙

長利洋行啟

各公司行名	已付資本	得利	二月十九日行情
滙銀行舊股	每股一伯廿五元　收足	每百分利十二元	每百加六拾二元
又新股	每股一伯元　收一百元	每百分利十二元	每百加五拾九元
旗昌輪船公司	每股一伯兩　收足	每百分十二兩	一百五十七期
又新股	每股二十兩　收足		二十五兩
公正輪船公司	每股一伯兩　收足	每百分利十兩	九十七兩四月兩
惇信輪船公司	每股一伯兩　收足		六十九兩
虹口船廠公司	每股五伯兩　收足	每百分利四兩	一百八十兩
浦東船廠公司	每股三千兩　收足		一千五百兩
英自來火公司	每股一伯兩　收足	每百分利十二兩	一百四十三兩
法自來火公司	每股一千兩　收足	每百分利十兩	六十三兩
琼記保險公司	每股一千元　收一千元	每分利四百七十五元	二千五百元
保家行保險公司	每股一千兩　收二百兩		四百廿兩
保安行保險公司	每股五千元　收一千元		二千四百元
揚子江保險公司	每股五伯兩　收足	每百分利十五兩	八百零八兩
寶裕保險公司	每股五伯兩　收一百兩	每百分利十二兩	一百六十五兩
華商保險公司	每股一千五伯元　收二百元		三百二十元
香港火險公司	每股一千元　收二百元	每百分利十二元	五百三十元
琼記火險公司	每股五伯元　收一百元	每百分利十二元	一百六十四元
仁記火險公司	每股五伯元　收一百元	每百分利十二元	一百五十八元
歇船公司	每股八伯五十兩　收足	每百分利五兩	四百兩
大橋公司	每股一伯兩　收足	每百分利十五兩	二百兩
同孚碼頭	每股六伯兩　收足		六百四十兩
公和祥碼頭	每股一伯兩　收足		一百五十五兩

拖船火輪名三母生　船身紅色　豐泰洋行經理

啟者此船專拖各國夾板船並中國船隻或拖出至吳淞口或拖進在黃浦江內其船極快其拖費格外公道倘蒙各寶號欲拖者請至本行或向該船主面議可也此佈

同治十一年七月十一日　豐泰洋行啟　174

新開福華洋行

啟者本行專辦茶司兼代各經手買賣各物開設在法國界洋涇浜與饅頭浜路角　賜顧者請至本行不悞特此佈聞

四月二十六日　福華洋行啟　142

頭油牙粉等出售

啟者今本行有老能所做馬加撒兒頭油出售此油已行七十年之久頗有大名其中潔淨之至以此油膏髮既不髮落亦不變色老年與童年之髮無異且能令髮結實並可去垢柔而有光買此油者須留心認明老能所做馬加撒兒頭油勿為假冒者所悞每大瓶價二十一個拾零士小瓶價三個拾零六個別零又七個拾零士又十個拾零士六個別零瓶上用玻璃蓋非比昔時木塞買時宜小心分別凡用木塞者皆係假充近來假充此油愛騙者居多此係法國與耳日曼人假充至印度等處出售又老能頂好阿敦牙粉出售其粉能令牙堅固又保牙仁去牙垢潔白如玉又老能所作加利多香水出售淨面澡身用此皮膚潤澤身體清涼西國王后及夫人等皆用此水現西國藥舖香水舖及中國東洋雜貨店內皆有發賣其價有四個拾零六個別零一瓶又有八個拾零六個別零一瓶以上各物買客須認明老能所作者方不有悞特此佈聞

五月二十七日　英京倫敦老能行啟　160

本館謹啟

啟者近來告白較之往日甚多第一頁內刊印不下所餘告白移印於第三頁內閱者留意可也

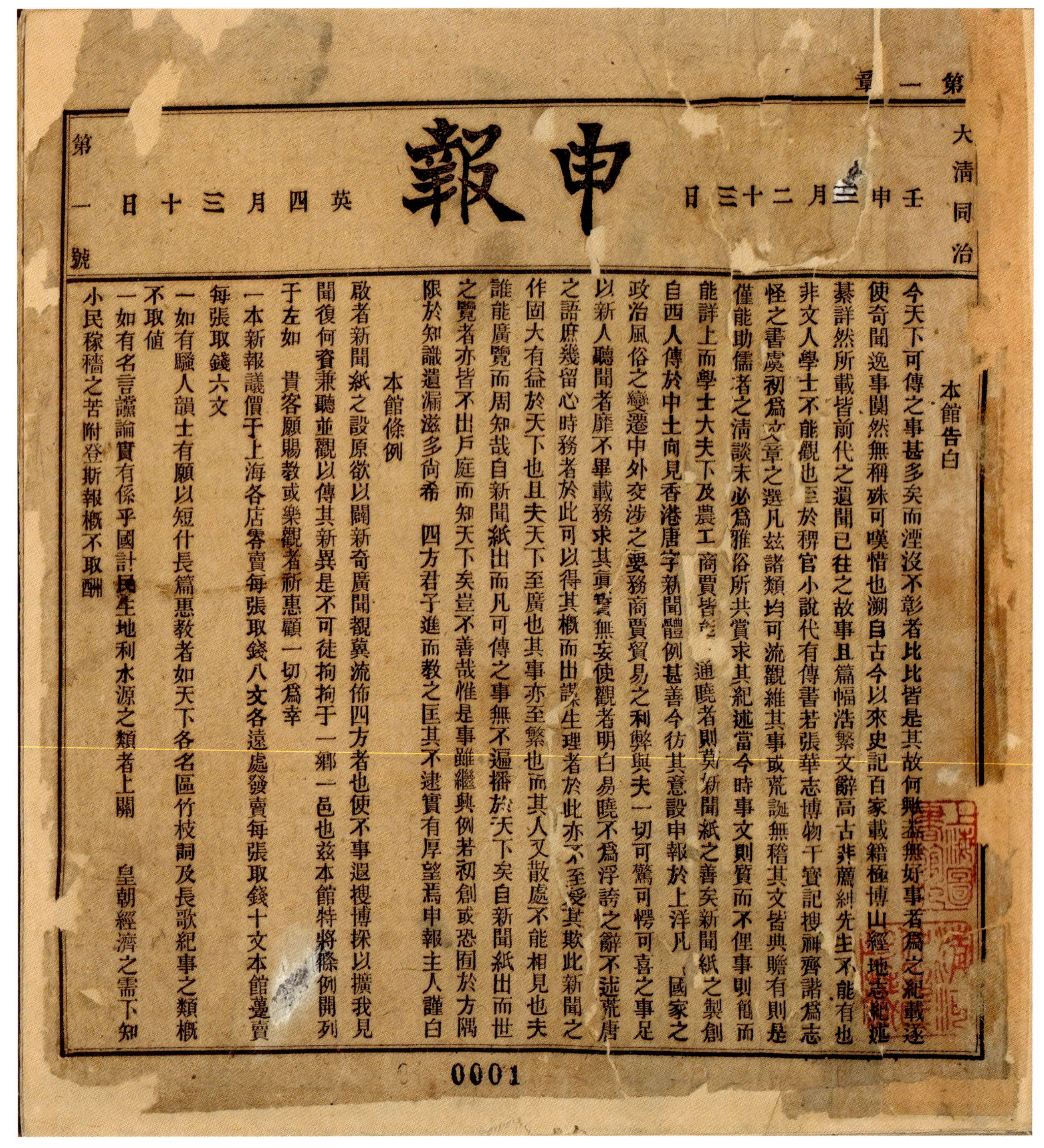

第一章

大清同治壬申三月二十三日

申報

英四月三十日

第一號

本館告白

今天下可傳之事甚多矣而湮沒不彰者比比皆是其故何歟蓋無好事者爲之紀載遂使奇聞逸事閴然無稱殊可嘆惜也溯自古今以來史記百家載籍極博山經地志紀述綦詳然所載皆前代之遺聞已往之故事且篇幅浩繁文辭高古非薦紳先生不能有也非文人學士不能觀也至於稗官小說代有傳書若張華志博物干寶記搜神齊諧爲志怪之書虞初爲文章之選凡茲諸類均可流觀維其事或荒誕無稽其文皆典贍有則是僅能助儒者之清談未必爲雅俗所共賞求其紀述當今時事文則質而不俚事則簡而能詳上而學士大夫下及農工商賈皆能通曉者則莫如新聞紙之善矣新聞紙之製創自西人傳於中土向見香港唐字新聞體例甚善今仿其意設申報於上洋凡 國家之政治風俗之變遷中外交涉之要務商賈貿易之利弊與夫一切可驚可愕可喜之事足以新人聽聞者靡不畢載務求其眞實無妄使觀者明白易曉不爲浮誇之辭不述荒唐之語庶幾留心時務者於此可以得其槪而出謀生理者於此亦不至受其欺此新聞之作固大有益於天下也且夫天下至廣也其事亦至繁也而其人又散處不能相見也夫誰能廣覽而周知哉自新聞紙出而凡可傳之事無不遍播於天下矣自新聞紙出而世之覽者亦皆不出戶庭而知天下矣豈不善哉惟是事雖繼輿例若初創或恐囿於方隅限於知識遺漏滋多尚希 四方君子進而教之匡其不逮實有厚望焉申報主人謹白

本館條例

啟者新聞紙之設原欲以闢新奇廣聞覩冀流佈四方者也使不事遐搜博採以擴我見聞復何貲兼聽並觀以傳其新異是不可徒拘拘于一鄉一邑也茲本館特將條例開列于左如 貴客願賜教或樂觀者祈惠顧一切爲幸

一本新報議價于上海各店零賣每張取錢八文各遠處發賣每張取錢十文本館躉賣每張取錢六文

一如有騷人韻士有願以短什長篇惠教者如天下各名區竹枝詞及長歌紀事之類槪不取値

一如有名言讜論實有係乎國計民生地利水源之類者上關 皇朝經濟之需下知小民稼穡之苦附登斯報槪不取酬

0001

《申报》

1872年4月30日创刊于上海，1949年5月27日终刊，前后共经营了78年，出版25600期，为近代中国发行时间最长的中文报纸。创办人为英国商人安纳斯脱·美查。上海图书馆收藏有最完整的一套。

中華民國九年六月三十日星期三（申報第五張）舊曆庚申五月十五日（十七）

常識

常評

我之快樂觀（續）

老圃

且快樂者由比較而得者也。使世界無苦痛。之事。則亦無所謂快樂矣。使世界無快樂之事。則亦無所謂苦痛矣。故習於勞苦者。得片時之游息。其快樂之量較多。習於逸樂者。費片時之心力。其苦痛之量較多。艱於生計者。得疏糲之一飽。且大嚼之而有餘味。此其樂非富人之所知也。養尊處優者。雖有山珍海錯。食前方丈。每苦胃弱而不能下咽。此其苦亦非貧乏者所及料也。故一言快樂而苦痛即伏於其中。一言苦痛而快樂亦伏於其中。且快樂之度愈高者。其因此所生苦痛之度亦愈高。苦痛之度愈高者。其因此所生快樂之度亦愈高。人生斯世。有貧富貴賤之不齊。而各地人種。更有強弱智愚之不齊。然人類間苦樂之分配。則無不齊者。藉曰不齊。則僞出於人心之作用。因人心固不能齊也。觀此乃知苦樂循環。川流不息。人間無絕對之快樂。亦無絕對之苦痛。但人類欲望。至無窮極。所以應此欲望者。勢不能適如所期而止。故不論貧富勞逸。皆有不如意事十常八九之說。則以心之所造而言。固未始無絕對之苦痛也。達觀者不然。視天下無不如意之事。覩一身無不足之事。以世界為極樂之世界。以吾身為極樂之一人。處至逆之境。能平心順受。而不覺其逆。遇至難之事。能從容處理。而不覺其難。則以心之所造而言。亦未始無絕對之快樂也。人能免於絕對之苦痛。而享絕對之快樂。則庶幾矣。（完）

道德叢話

樹棠

公民道德

（八）提倡教育

要發達腦筋。就要受教育。要有教育。就要提倡教育。做公民的人。人人應該受教育。更應該人人提倡教育。因為人人都要有智識。人人都有子孫。俗語說『前人種樹後人食果』很有味道。我們前頭的人開辦學堂不多。所以我們許多人年小的時候。沒有機會受教育。現在我們應該吃一回苦。學一回乖。大家起來提倡教育。非但把後來的人吃果子。而且現在的小孩子也可以受教育。就是年紀大的也有機會受教育。提倡教育不單是政府的事情。是我們人人的事情。如果我們人人提倡教育。那就人人識字。有智識。提倡教育是我們人人的責任。不要藐棄你的責任。人人應該捐錢興辦學校。商人富翁應該津貼貧苦好學的人讀書和游學外洋。除此之外。多造圖報所。藏書樓。改良戲劇。印刷書報。也是提倡教育的方法。還有露天演講。遊行唱歌。都是輸入知識的舉動。人人應當去聽的。工廠裏頭應該設立一種學校。叫做『補習學校』。教一班工人讀書。多給點錢把他們買書看。普通學校裏應當注重技能。現在應當多設職業學校。以應社會的需要。（乙種……）

經濟

米不宜囤

連日米價暴漲。民食大起恐慌。一般富戶。深恐日後乏米可求。爰各爭先購儲。以致價愈增高。聞者失色。鄙意自今以後。居戶食米。務須隨喫隨買。不可多留餘糧。深望各界人士。一致提倡。庶使米商供過於求。市價易於低落。至於東鄰現在米多價賤。每石最高價僅銀十兩。且時值夏令。米病百出。故此時奸商必不販往。只須銀行錢莊。速即停止米糧押款。果能釜底抽薪。則造福無量矣。

補救糧食問題之意見

現在米價昂貴。已到極步。距離新米上市。還要有二三個月。……

本埠增刊投稿簡則

商業叢話

店主與夥計

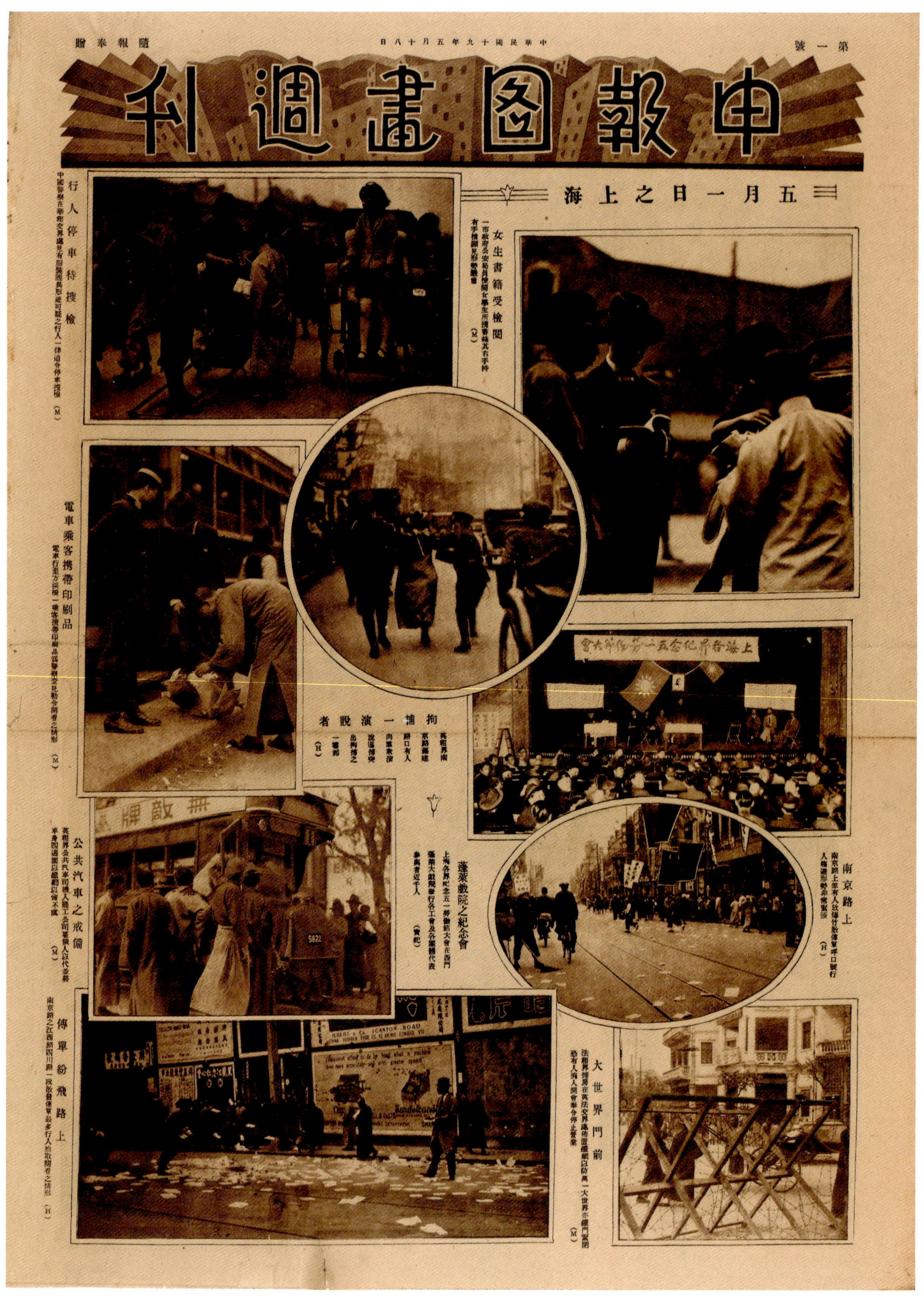

第一號　中華民國十九年五月十八日　隨報奉贈

申報圖畫週刊

五月一日之上海

行人停車待搜檢
中國警察在華租交界處見有服裝詭異形迹可疑之行人一律迫令停車搜檢（M）

女生書籍受檢閱
一市政府公安局員檢閱女學生所携書籍其右手持有手槍顯見形勢嚴重（M）

電車乘客携帶印刷品
電車行至方浜橋一乘客携帶印刷品爲警察查見勒令開看之情形（M）

拘捕一演說者
英租界南京路福建路口有人向羣衆演說巡捕突出拘捕之一幕耶（H）

蓬萊戲院之紀念會
上海各界紀念五一勞動節大會在西門蓬萊大戲院舉行各工會及各團體代表參與者近千人（寶紀）

南京路上
南京路上忽有人放爆竹散傳單呼口號行人爭避形勢非常緊張（H）

公共汽車之戒備
英租界公共汽車司機人罷工公司雇俄人以代並將車身四週圍以鐵網以備不虞（M）

傳單紛飛路上
南京路之江西路四川路一段散發傳單最多行人拾取閱看之情形（H）

大世界門前
法租界捕房在英法交界處佈置鐵網以防萬一大世界亦鐵門緊閉恐有人混入開會奉令停止營業（M）

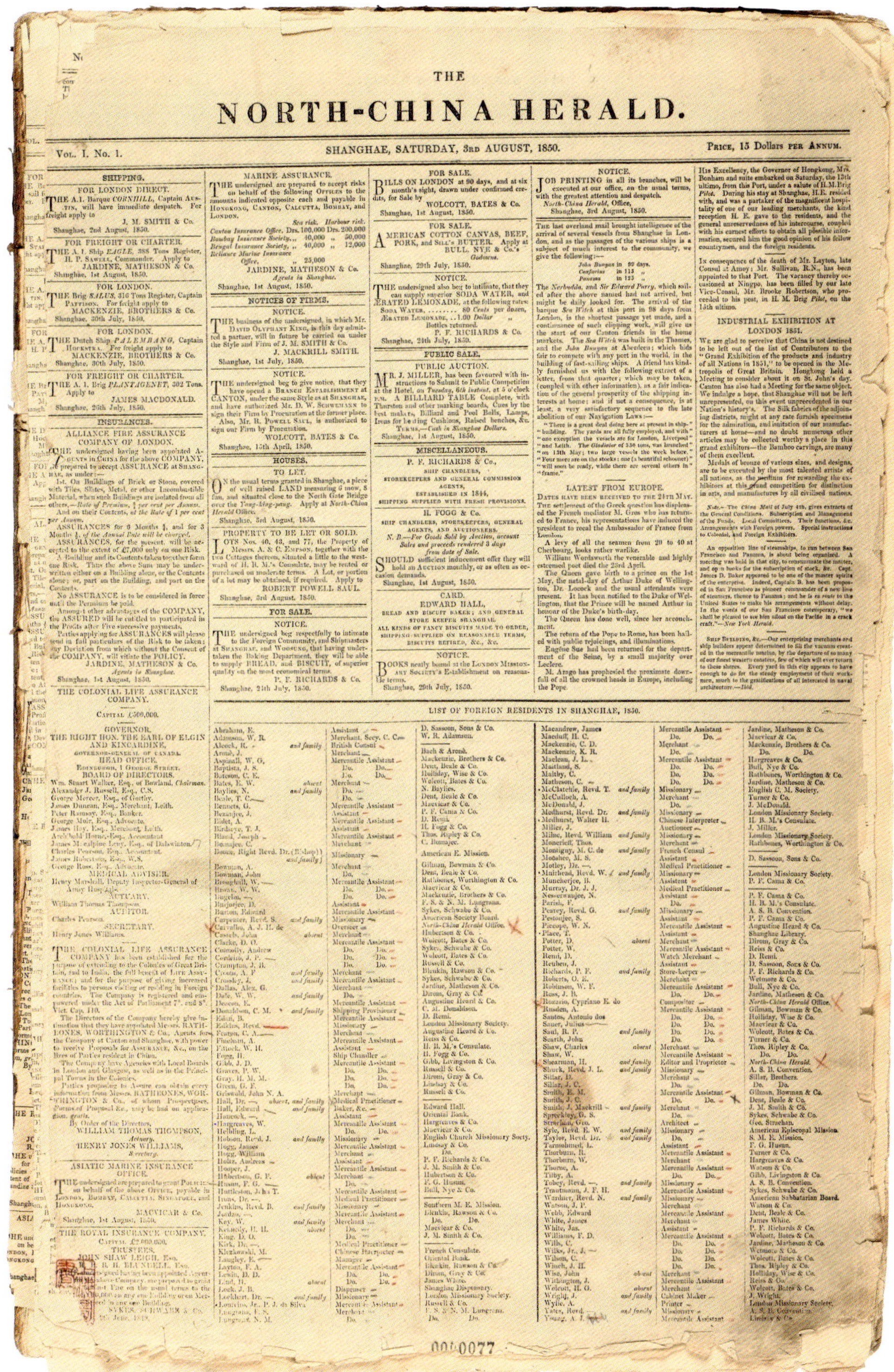

THE

NORTH-CHINA HERALD.

Vol. I. No. 1. SHANGHAE, SATURDAY, 3RD AUGUST, 1850. PRICE, 15 Dollars PER ANNUM.

SHIPPING.

FOR LONDON DIRECT.

THE A.1. Barque *CORNHILL*, Captain AUSTIN, will have immediate despatch. For freight apply to

J. M. SMITH & Co.

Shanghae, 2nd August, 1850.

FOR FREIGHT OR CHARTER.

THE A.1. Ship *EAGLE*, 388 Tons Register, H. P. SAWELL, Commander. Apply to

JARDINE, MATHESON & Co.

Shanghae, 1st August, 1850.

FOR LONDON.

THE Brig *SALUS*, 316 Tons Register, Captain PATTISON. For freight apply to

MACKENZIE, BROTHERS & Co.

Shanghae, 30th July, 1850.

FOR LONDON.

THE Dutch Ship *PALEMBANG*, Captain HOCKSTRA. For freight apply to

MACKENZIE, BROTHERS & Co.

Shanghae, 30th July, 1850.

FOR FREIGHT OR CHARTER.

THE A.1. Brig *PLANTAGENET*, 302 Tons. Apply to

JAMES MACDONALD.

Shanghae, 26th July, 1850.

INSURANCES.

ALLIANCE FIRE ASSURANCE COMPANY OF LONDON.

THE undersigned having been appointed AGENTS in CHINA for the above COMPANY, are prepared to accept ASSURANCE at SHANGHAE, as under:—

1st. On Buildings of Brick or Stone, covered with Tiles, Slates, Metal, or other Incombustible Material, when such Buildings are isolated from all others.—*Rate of Premium, ¾ per cent per Annum.*

And on their Contents, *at the Rate of 1 per cent per Annum.*

ASSURANCES for 6 Months ½, and for 3 Months ¼, *of the Annual Rate will be charged.*

ASSURANCES, for the present, will be accepted to the extent of £7,000 only on one Risk.

A Building and its Contents taken together form one Risk. Thus the above Sum may be underwritten either on a Building alone, or the Contents alone; or, part on the Building, and part on the Contents.

No ASSURANCE is to be considered in force until the Premium be paid.

Amongst other advantages of the COMPANY, the ASSURED will be entitled to participated in the Profits after Five successive payments.

Parties applying for ASSURANCES will please send in full particulars of the Risk to be taken; any Deviation from which without the Consent of the COMPANY, will vitiate the POLICY.

JARDINE, MATHESON & Co.

Agents in Shanghae.

Shanghae, 1st August, 1850.

THE COLONIAL LIFE ASSURANCE COMPANY.

CAPITAL £500,000.

GOVERNOR.

THE RIGHT HON. THE EARL OF ELGIN AND KINCARDINE,

GOVERNOR-GENERAL OF CANADA.

HEAD OFFICE.

EDINBURGH, 1 GEORGE STREET.

BOARD OF DIRECTORS.

Wm. Stuart Walker, Esq., of Bowland, *Chairman.*

Alexander J. Russell, Esq., C.S.

MARINE ASSURANCE.

THE undersigned are prepared to accept risks on behalf of the following OFFICES to the amounts indicated opposite each and payable in HONGKONG, CANTON, CALCUTTA, BOMBAY, and LONDON.

	Sea risk.	Harbour risk.
Canton Insurance Office,	Drs. 100,000	Drs. 200,000
Bombay Insurance Society, ,,	40,000 ,,	50,000
Bengal Insurance Society, ,,	40,000 ,,	12,000
Reliance Marine Insurance Office,	,, 25,000	

JARDINE, MATHESON & Co.

Agents in Shanghae.

Shanghae, 1st August, 1850.

NOTICES OF FIRMS.

NOTICE.

THE business of the undersigned, in which Mr. DAVID OLYPHANT KING, is this day admitted a partner, will in future be carried on under the Style and Firm of J. M. SMITH & Co.

J. MACKRILL SMITH.

Shanghae, 1st July, 1850.

NOTICE.

THE undersigned beg to give notice, that they have opend a BRANCH ESTABLISHMENT at CANTON, under the same Style as at SHANGHAE, and have authorized Mr. D. W. SCHWEMANN to sign their Firm by Procuration at the former place.

Also, Mr. R. POWELL SAUL, is authorized to sign our Firm by Procuration.

WOLCOTT, BATES & Co.

Shanghae, 15th April, 1850.

HOUSES.

TO LET.

ON the usual terms granted in Shanghae, a piece of well raised LAND measuring 6 mow, 8 fun, and situated close to the North Gate Bridge over the *Yang-king-pang*. Apply at *North-China Herald* Office.

Shanghae, 3rd August, 1850.

PROPERTY TO BE LET OR SOLD.

LOTS Nos. 40, 43, and 77, the Property of Messrs. A. & C. EMPSON, together with the two Cottages thereon, situated a little to the westward of H. B. M.'s Consulate, may be rented or purchased on moderate terms. A Lot, or portion of a lot may be obtained, if required. Apply to

ROBERT POWELL SAUL.

Shanghae, 3rd August, 1850.

FOR SALE.

NOTICE.

THE undersigned beg respectfully to intimate to the Foreign Community, and Shipmasters at SHANGHAE, and WOOSUNG, that having undertaken the Baking Department, they will be able to supply BREAD, and BISCUIT, of superior quality on the most economical terms.

P. F. RICHARDS & Co.

Shanghae, 24th July, 1850.

FOR SALE.

BILLS ON LONDON at 90 days, and at six month's sight, drawn under confirmed credits, for Sale by

WOLCOTT, BATES & Co.

Shanghae, 1st August, 1850.

FOR SALE.

AMERICAN COTTON CANVAS, BEEF, PORK, and SILL's BUTTER. Apply at

BULL, NYE & Co.'s

Godowns.

Shanghae, 29th July, 1850.

NOTICE.

THE undersigned also beg to intimate, that they can supply superior SODA WATER, and ÆRATED LEMONADE, at the following rates:

SODA WATER, ... 80 *Cents* per dozen,

ÆRATED LEMONADE, ..1.00 *Dollar* ,,

Bottles returned.

P. F. RICHARDS & Co.

Shanghae, 24th July, 1850.

PUBLIC SALE.

PUBLIC AUCTION.

MR. J. MILLER, has been favoured with instructions to Submit to Public Competition at the Hotel, *on Tuesday, 6th instant*, at 5 o'clock P.M. A BILLIARD TABLE Complete, with Thurston and other marking boards, Cues by the best makers, Billiard and Pool Balls, Lamps, Irons for heating Cushions, Raised benches, &c.

TERMS,—*Cash in Shanghae Dollars.*

Shanghae, 1st August, 1850.

MISCELLANEOUS.

P. F. RICHARDS & Co.,

SHIP CHANDLERS,

STOREKEEPERS AND GENERAL COMMISSION AGENTS,

ESTABLISHED IN 1844,

SHIPPING SUPPLIED WITH FRESH PROVISIONS.

H. FOGG & Co.

SHIP CHANDLERS, STOREKEEPERS, GENERAL AGENTS, AND AUCTIONEERS.

N. B.—For Goods Sold by Auction, account Sales and proceeds rendered 3 days from date of Sale.

SHOULD sufficient inducement offer they will hold an AUCTION monthly, or as often as occasion demands.

Shanghae, 1st August, 1850.

CARD.

EDWARD HALL,

BREAD AND BISCUIT BAKER; AND GENERAL STORE KEEPER SHANGHAE.

ALL KINDS OF FANCY BISCUITS MADE TO ORDER, SHIPPING SUPPLIED ON REASONABLE TERMS, BISCUITS REFIRED, &c., &c.

NOTICE.

BOOKS neatly bound at the LONDON MISSIONARY SOCIETY'S Establishment on reasonable terms.

Shanghae, 29th July, 1850.

NOTICE.

JOB PRINTING in all its branches, will be executed at our office, on the usual terms, with the greatest attention and despatch.

North-China Herald, Office,

Shanghae, 3rd August, 1850.

THE last overland mail brought intelligence of the arrival of several vessels from Shanghae in London, and as the passages of the various ships is a subject of much interest to the community, we give the following:—

John Bunyan in 99 days.
Confucius in 115 ,,
Panama in 123 ,,

The *Nerbudda*, and *Sir Edward Parry*, which sailed after the above named had not arrived, but might be daily looked for. The arrival of the barque *Sea Witch* at this port in 98 days from London, is the shortest passage yet made, and a continuance of such clipping work, will give us the start of our Canton friends in the home markets. The *Sea Witch* was built in the Thames, and the *John Bunyan* at Aberdeen; which bids fair to compete with any port in the world, in the building of fast-sailing ships. A friend has kindly furnished us with the following extract of a letter, from that quarter; which may be taken, (coupled with other information), as a fair indication of the general prosperity of the shipping interests at home; and if not a consequence, is at least, a very satisfactory sequence to the late abolition of our Navigation Laws:—

"There is a great deal doing here at present in ship-" "building. The yards are all fully employed, and with" "one exception the vessels are for London, Liverpool" "and Leith. The *Gladiator* of 530 tons, was launched" "on 13th May; two large vessels the week before." "Four more are on the stocks: one (a beautiful schooner)" "will soon be ready, while there are several others in" "frame."

LATEST FROM EUROPE.

DATES HAVE BEEN RECEIVED TO THE 24TH MAY. THE settlement of the Greek question has displeased the French mediator M. Gros who has returned to France, his representations have induced the president to recal the Ambassador of France from London.

A levy of all the seamen from 20 to 40 at Cherbourg, looks rather warlike.

William Wordsworth the venerable and highly esteemed poet died the 23rd April.

The Queen gave birth to a prince on the 1st May, the natal-day of Arthur Duke of Wellington, Dr. Locock and the usual attendants were present. It has been notified to the Duke of Wellington, that the Prince will be named Arthur in honour of the Duke's birth-day.

The Queen has done well, since her accouchment.

The return of the Pope to Rome, has been hailed with public rejoicings, and illuminations.

Eugéne Sue had been returned for the department of the Seine, by a small majority over Leclere.

M. Arago has prophesied the proximate downfall of all the crowned heads in Europe, including the Pope.

HIS Excellency, the Governor of Hongkong, Mrs. Bonham and suite embarked on Saturday, the 13th ultimo, from this Port, under a salute of H.M. Brig *Pilot*. During his stay at Shanghae, H.E. resided with, and was a partaker of the magnificent hospitality of one of our leading merchants, the kind reception H. E. gave to the residents, and the general unreservedness of his intercourse, coupled with his earnest efforts to obtain all possible information, secured him the good opinion of his fellow countrymen, and the foreign residents.

IN consequence of the death of Mr. Layton, late Consul at Amoy; Mr. Sullivan, R.N., has been appointed to that Port. The vacancy thereby occasioned at Ningpo, has been filled by our late Vice-Consul, Mr. Brooke Robertson, who proceeded to his post, in H. M. Brig *Pilot*, on the 15th ultimo.

INDUSTRIAL EXHIBITION AT LONDON 1851.

WE are glad to perceive that China is not destined to be left out of the list of Contributors to the "Grand Exhibition of the products and industry of all Nations in 1851," to be opened in the Metropolis of Great Britain. Hongkong held a Meeting to consider about it on St. John's day. Canton has also had a Meeting for the same object. We indulge a hope, that Shanghae will not be left unrepresented, on this event unprecedented in our Nation's history's. The Silk fabrics of the adjoining districts, might at any rate furnish specimens for the admiration, and imitation of our manufacturers at home—and no doubt numerous other articles may be collected worthy a place in this grand exhibitors—the Bamboo carvings, are many of them excellent.

Medals of bronze of various sizes, and designs, are to be executed by the most talented artists of all nations, as the medium for rewarding the exhibitors at this grand competition for distinction in arts, and manufactures by all civilised nations.

Note.—The *China Mail* of July 4th, gives extracts of the General Conditions. Subscription and Management of the Funds. Local Committees. Their functions, &c. Arrangements with Foreign powers. Special instructions to Colonial, and Foreign Exhibitors.

An opposition line of steamships, to run between San Francisco and Panama, is about being organized. A meeting was held in that city, to consummate the matter, and open books for the subscription of stock, &c. Capt. James D. Baker appeared to be one of the master spirits of the enterprise. Indeed, Captain B. has been proposed in San Francisco as pioneer commander of a new line of steamers, thence to Panama; and he is *en route* to the United States to make his arrangements without delay. In the words of our San Francisco cotemporary, "we shall be pleased to see him afloat on the Pacific in a crack craft."—*New York Herald.*

SHIP BUILDING, &c.—Our enterprising merchants and ship builders appear determined to fill the vacuum created in the mercantile marine, by the departure of so many of our finest western coasters, few of which will ever return to these shores. Every yard in this city appears to have enough to do for the steady employment of their workmen, much to the gratifications of all interested in naval architecture.—*Ibid.*

LIST OF FOREIGN RESIDENTS IN SHANGHAE, 1850.

Abraham, E.		Assistant	D. Sassoon, Sons & Co.
Adamson, W. R.		Merchant, Secy. C. Com.	W. R. Adamson.
Alcock, R.	and family	British Consul	
Aroné, J.		Merchant	Bach & Aroné.
Aspinall, W. G.		Mercantile Assistant	Mackenzie, Brothers & Co.
Baptista, J. S.		Do. Do.	Dent, Beale & Co.
Bateson, C. E.		Do. Do.	Holliday, Wise & Co.
Bates, E. W.	absent	Merchant	Wolcott, Bates & Co.
Baylies, N.	and family	Do.	N. Baylies.

Macandrew, James		Mercantile Assistant	Jardine, Matheson & Co.
Macduff, H. C.		Do. Do.	Macvicar & Co.
Mackenzie, C. D.		Merchant	Mackenzie, Brothers & Co.
Mackenzie, K. R.		Do.	Do. Do.
Maclean, J. L.		Mercantile Assistant	Hargreaves & Co.
Maitland, S.		Do. Do.	Bull, Nye & Co.
Maltby, C.		Do. Do.	Rathbones, Worthington & Co.
Matheson, C.		Do. Do.	Jardine, Matheson & Co.
McClatchie, Revd. T.	and family	Missionary	English C. M. Society.

《North-China Herald》（北华捷报）

上海第一家英文报刊。1850 年 8 月 3 日由英国人亨利·奚安门创办，1866 年改由字林洋行经营，故汉译为《字林报》或《字林西报》。1951 年 3 月 31 日停刊，出版时间长达 101 年，是近代中国出版时间最长、发行量最大、最有影响的外文报纸。

《世界》

创刊于1907年11月，仅出两期，存世稀罕，是中国最早的摄影画报。每期刊载照片100幅左右，配有文字说明及其他专文。该刊由中国留法学生以“世界社”名义在法国巴黎编印出版。主编姚蕙，编辑吴稚晖、李石曾。上海图书馆存有全套两册。

上海權利之競爭

前年上海公堂之案至今要索遠理。未能全結此事之是非。固皦然易明。不待深論。然弱者一方面。方自以爲保護國權而强者一方面。卽堅指爲攘斥外人。今則事過年餘。已成陳迹。然世界之公論家。固視此爲支那國民能保護權利之一大抗爭。實將來歷史上可記念之一事也。當日之騷亂。本非主倡者意料所及。然仍能由一般之開通者。速還秩序。遏者力遏。抗者力抗。外人雖至今間接而對庸弱之政府。欲肆分外之要索。然隱訝支那之民氣。經十年新文明之傳達。已有未可侮者。獨是回想當時無教育之多數。突然插入。忽起擾亂。幾使閎麗之市街。變爲賤血之戰塲。目擊之人。固無不念之心悸。

今載西市所流布當時亂狀數紙。使耳熟之而未能親見之者。審顧焉以觸其繁感。所錄三圖。皆在英租界大馬路區畫內。上圖乃乙巳十一月二十一日晨九時所攝。積燒于路中者。據彼中人所云。則係英副領事畢齊標君之摩託電車也。

左圖爲同日十時所攝。彼人云。此時萬國義勇隊出襲亂黨。頗有所格斃。今圖中吾民一人。橫陳其屍于道旁之簷下。而外人之義勇隊員。則一人荷鎗猛進。一人方狙伺有所欲擊也。此所謂文明之舉動。

上圖又後于前一圖半小時。在晨間十時半所攝也。觀圖中情形。其時義勇隊員。已悉張其應有之强權。爲盲悍之督率。故戎服者執鎗虎立。而貪觀熱閙之無意識者。皆驚皇失措。竄散若羊羣。此等竄亂。適所謂排外之騷動歟。

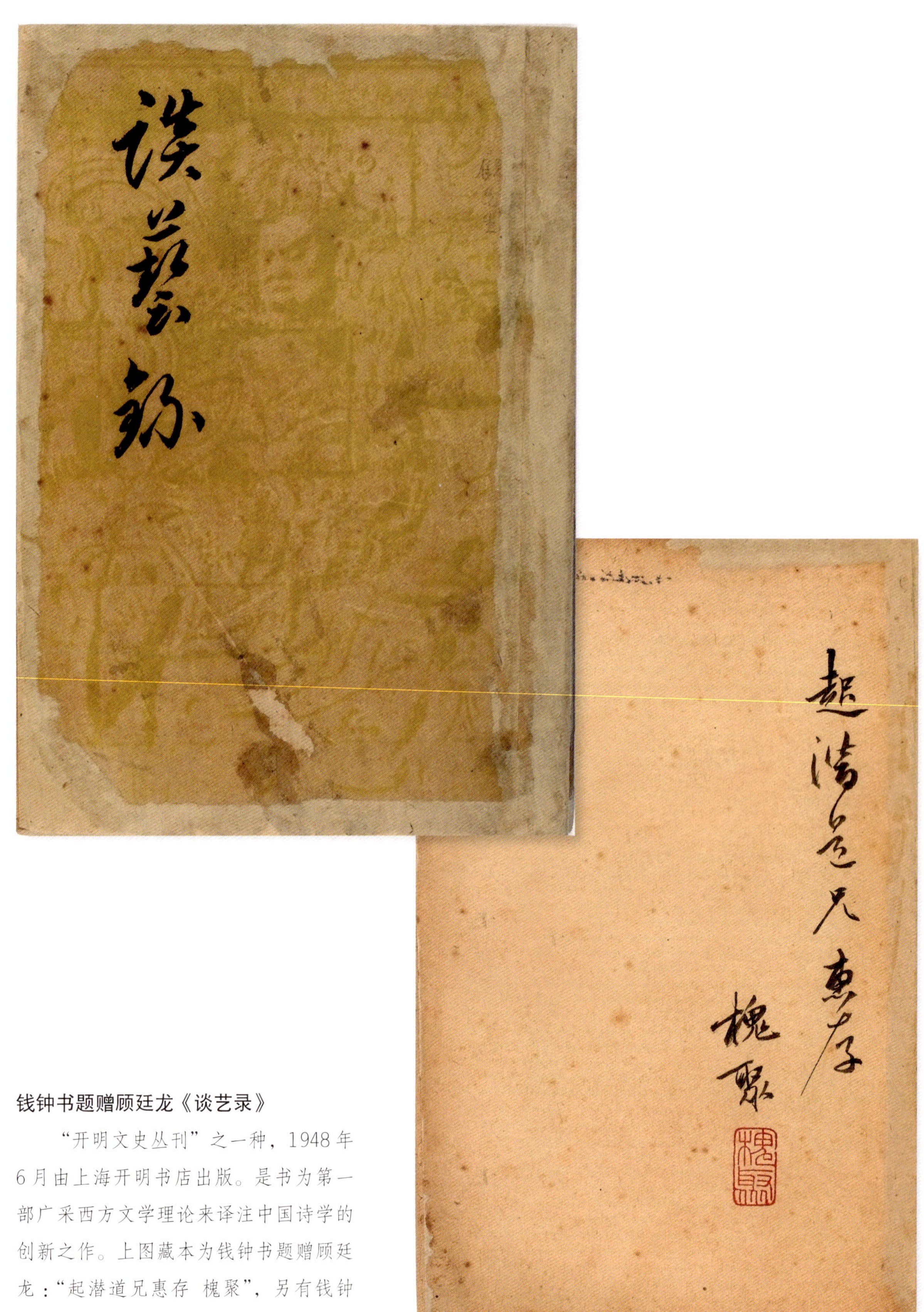

钱钟书题赠顾廷龙《谈艺录》

“开明文史丛刊”之一种，1948 年 6 月由上海开明书店出版。是书为第一部广采西方文学理论来译注中国诗学的创新之作。上图藏本为钱钟书题赠顾廷龙：“起潜道兄惠存　槐聚”，另有钱钟书“槐聚”印章。

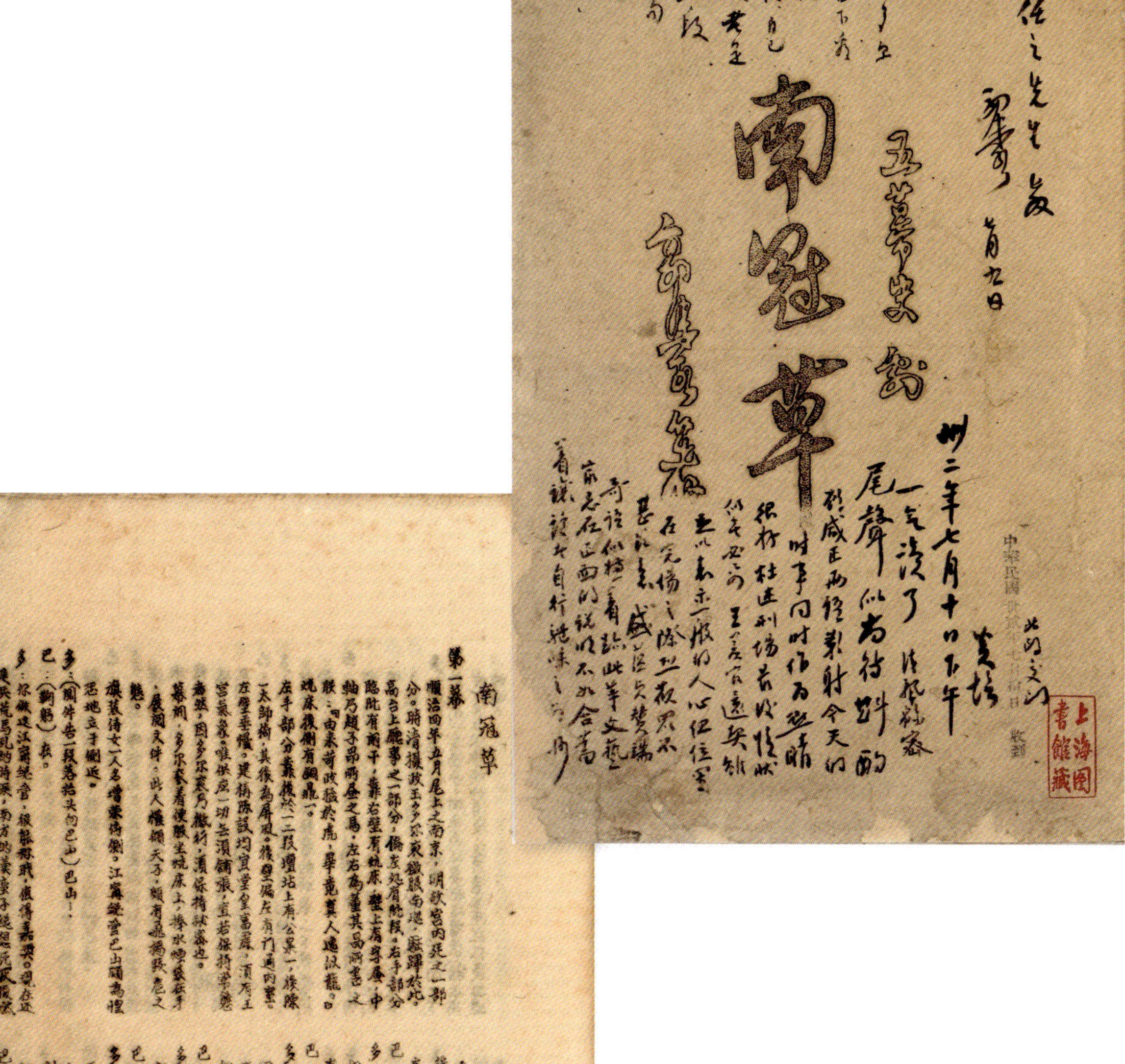

南冠草

郭沫若题赠黄炎培《南冠草》

抗战时期珍稀油印本，存世极少。《南冠草》为郭沫若1943年于重庆所作五幕历史剧，写明末夏完淳抗清事迹，表现了夏不屈不挠的斗争精神，以此借古喻今，抒发爱国情怀。上图藏本为1943年郭沫若题赠黄炎培，书上并有黄炎培题写的读后感。

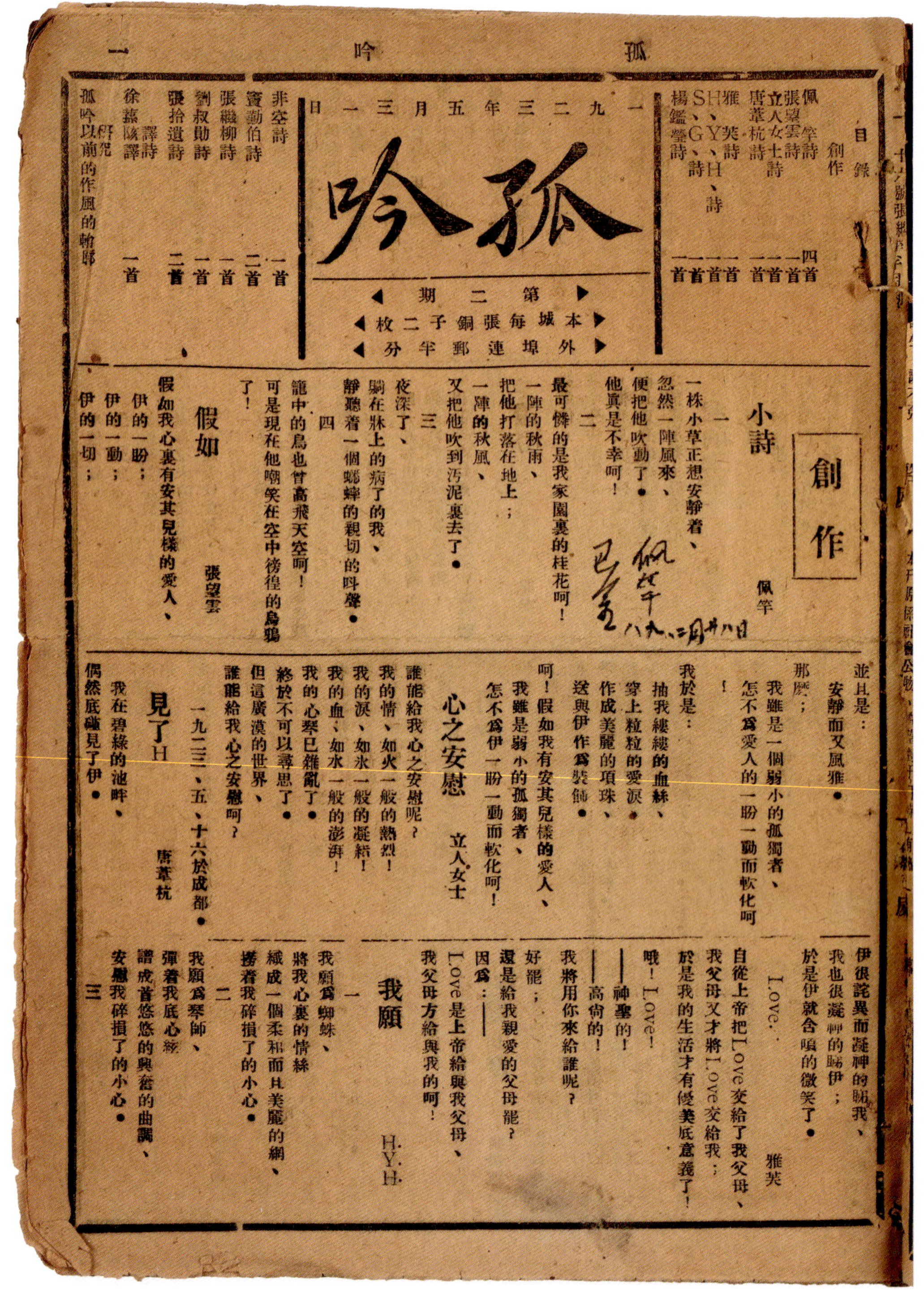

孤　吟　一

孤吟

一九二三年五月三一日

第二期

本城每張銅子二枚

外埠連郵半分

目錄

創作

創作

小詩

佩竿

一

一株小草正想安靜着、
忽然一陣風來、
便把他吹動了●
他眞是不幸呵！

二

最可憐的是我家園裏的桂花呵！
一陣的秋雨、
把他打落在地上；
一陣的秋風、
又把他吹到汚泥裏去了●

三

夜深了、
躺在牀上的病了的我、
靜聽着一個蟋蟀的親切的叫聲●

四

籠中的鳥也曾高飛天空呵！
可是現在他嘲笑在空中徬徨的烏鴉了！

巴金　佩竿　八九、二月廿八日

假如

張望雲

假如我心裏有安其兒樣的愛人、
伊的一盼；
伊的一動；
伊的一切；
並且是：
安靜而又風雅●
那麽；
我雖是一個弱小的孤獨者、
怎不爲愛人的一盼一動而軟化呵
！
我於是：
抽我縷縷的血絲、
穿上粒粒的愛淚●
作成美麗的項珠、
送與伊作爲裝飾●
呵！假如我有安其兒樣的愛人、
我雖是弱小的孤獨者、
怎不爲伊一盼一動而軟化呵！

心之安慰

立人女士

誰能給我心之安慰呢？
我的情、如火一般的熱烈！
我的淚、如冰一般的凝結！
我的血、如水一般的澎湃！
我的心琴巳雜亂了●
終於不可以尋思了●
但這廣漠的世界、
誰能給我心之安慰呵？

一九二三、五、十六於成都●

見了H

唐葦杭

我在碧綠的池畔、
偶然底碰見了伊●
伊很詫異而凝神的睇我、
我也很凝神的睇伊；
於是伊就含嗔的微笑了●

Love.

雅芙

自從上帝把Love交給了我父母、
我父母又才將Love交給我；
於是我的生活才有優美底意義了！
哦！Love！
——神聖的！
——高尚的！
我將用你來給誰呢？
好罷；
還是給我親愛的父母罷？
因爲：——
Love是上帝給與我父母、
我父母方給與我的呵！

我願

H.Y.H.

一

我願爲蜘蛛、
將我心裏的情絲
織成一個柔和而且美麗的網、
擄着我碎損了的小心●

二

我願爲琴師、
彈着我底心絃
譜成首悠悠的興奮的曲調、
安慰我碎損了的小心●

三

巴金签名本《孤吟》

中国早期新诗刊物之一，且为大西南地区最早新文学刊物，刊有巴金等人诗作。1923年5月15日创刊于成都，半月刊。同年8月1日出至第6期后终刊。上图藏本有巴金在1989年留下的亲笔签名：“巴金”和笔名“佩竿”，为巴金首次对自己笔名“P.K.”由来的表态。

一　孤　吟

孤吟

一九二三年五月十五日

第一期

本城每張銅子二枚

外埠連郵分半

目錄

我們底使命

書生事業眞堪笑！忍凍孤吟筆退尖。——何紹基句

這是何子貞的詩句。照他這樣說、孤吟實是一件無聊的事業！但我們現在公然孤吟起來了、我們是爲了甚麼來？讀者須要知道：

第一、我們是不承認作詩是無聊的事。而現在的詩之無聊與否？也是從一九一九年起、就超過以前的現象的了。所以子貞只管笑作詩是書生事業；眞堪笑事業。而我們現在作詩的用心、及近代文學功用的趨勢、已是與這批評無關的了！——這就是我們敢於孤吟的原因。

第二、我們覺得近代人的煩悶——尤其是青年！——實有借文字陶鎔的必要；而詩更是最適用的工具、所以我們才刊這小小的刊物、借來發揮青年的時代的煩悶！

第三、從一九一九年文學革命起、到近年已推進到革命文學時代了。我們刊行這張刊物、一方也是想撥除這些人類要壓階級的呼籲。

以上就是我們自負的使命了！可是我們力量何等薄弱、希望有心人來與我們同唱呵！

呵！朋友！
你青春之花開了麼？
你勤脈之血燃了麼？
雖然失路者的呼聲十分底薄弱；
但人間終僅是人間、
來！來與我們同唱罷！

幼時的伴侶　楊鑑瑩

幽邃的山林、豐草野花的叢中；
伊安閑而久遠的睡眠了！
十年前同船住着、同處玩着；
都是我深刻不能忘的印象呵！

甚麼是……　楊鑑瑩

甚麼是情？
甚麼是愛？
甚麼是歡樂？
廿二年憂患餘生的我、
只是奮着去不了的煩悶和苦惱呵！

希望　楊鑑瑩

羸瘦的女丐、抱着不週歲的孩子；
啊！這就是全人類的希望！

蟬聲　楊鑑瑩

然長清冷的蟬聲、……

夜半的號音　楊鑑瑩

我冷然癡着；
正彈着我心弦上的調子！
微風陣陣吹來、
聽！那裏的悠長的號音……
僅斷續地在枕上吹着。
都是人們無聊的悲歎呵！
一九二三、五、六、於成都

秋柳　張望雲

只不過絲絲地擺動了！
不堪憔悴的秋柳呵！

懷春（兒歌）　張望雲

秋風來了、
秋花開了、
秋心動了、
春歸何處去了！

心碎了（兒歌）　張望雲

孀艷的小花流淚了、
是秋風秋雨把伊的心碎了！
一九二二年初秋作

相思　張望雲

春光已是消沒淨盡了、
不顧人憔悴的相思呵！

在春天的時候　張望雲

二　吟　孤

……[illegible]袂、
……[illegible]的情絲、
織成了一幕情網、
牢網着我的情人！
又用我柔細的心弦、
扣上了滿得林、
彈唱給我的情人！
再用我眼中的淚珠、
溶成了一池清泉、
沐浴着我的情人！
哦我們似小鳥的翱翔；
似野花的萌茁？
可惜、
情絲是不禁風雨的、
終於吹亂了！
心弦是細碎的、
終於彈斷了！
淚珠兒是有限的、
終於乾涸了！
到如今：
一切的一都已消磨了。
眼前不盡底曇花呵！
萎謝罷！

譯茵夢湖中的詩的一首　蜀民

史註耳門的茵夢湖[illegible]……的、含蓄的哀情。國內有兩三[illegible]譯本、但不免訛誤之處；並於行間字裏、搜他作者的深心、抉出他文學上特殊的風俗、把他多微的暗示一一傳寫出來、那更是不容易說。去年要[illegible]鳴嶺、同敬幹君談到此書、數把萊茵哈[illegible]假託他人做的一首詩譯了下來。不敢說是正從前譯家的失眞、却自信這一段女性的悲哀、我是很忠實的直述下來的。

我的媽媽她想到、她要我與別人好；
我從前消受他的那些、估着我把他忘了；
這些事我從前何曾想到。
我哀訴我的媽媽、這件事你未免做差；
從前本是光明事、而今變做互羿惡罷。
你叫我心裏有甚麼法！
吓自我一切豪興幷欣歡、只賸得愁心一片；
唉！若不是這事從中變……
唉！我便同他向荒林野道、乞討也心甘！

自賞　張拾遺

悲哀似幽靄、
陽春時；
只戲蕤自賞。

曇花　張拾遺

曇花開到繁盛時、
陽春便寂寂的去了！

醉後微謳　張拾遺

「拋青春、
亂我心；
亂我心、
夢不成！」
——淒然而至的微謳呵！
頹然而擧的酒杯喲！

徬徨　張拾遺

我想把心放在光裏、
光却閃動着黑暗的寂寥。
我想把心放在歌裏、
歌却奏起了迷惘的音律。
我想把心放在愛裏、
愛却顯出不同的面目。
——更有那裏安放呢？
且任我悵惘的哭喲！

春雨後　張繼柳

飲醉了罷？
試瞧適意的灌溉的芍[illegible]。
從這枝看到那枝、
怎都軟洋洋地將我望着？

薔薇和芍藥　張繼柳

悄然立在春前、
心事悠悠地想着；
覺得花更婚婚地開了！
薔薇把伊的情香送到我鼻裏；
芍藥把伊的倩姿映在我眼裏；
哦！無盡的香國呵！
小小的寸心；
飲到微醉了。

回憶　劉叔勛

回憶我們前兩年的聚首。
是何等地熱鬧啊！
而今呢、
氷消似地了。
朋友們、
死的死了；
走的走開。
形隻影單的——我、
究向何處踏去！
三七、五、七。於成都
p.k.

報復

本年一月十七日是黃龐二君被趙恒惕冤殺的周年紀念日、黃龐二君被殺已有一年了、而趙氏還安穩地、在湖南做省長、

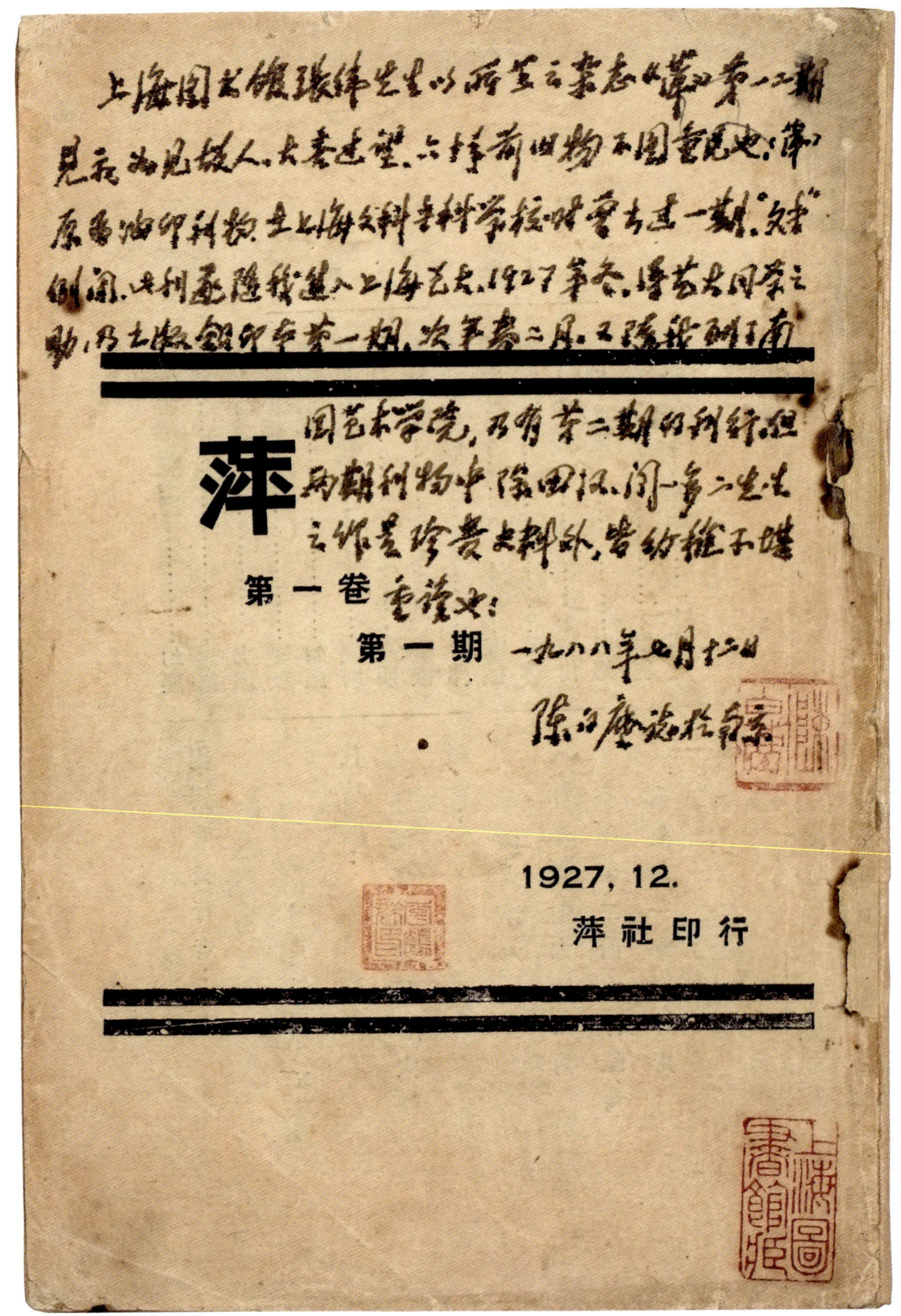

上海图书馆张伟先生以所藏之杂志《萍》第一、二期见示，如见故人，大喜过望。六十年前旧物不图重见也。《萍》原为油印刊物，在上海文科专科学校时曾出过一期。此刊系随我进入上海艺大，1927年冬，得艺大同学之助，乃铅印本第一期，次年春二月，又随我到了南国艺术学院，乃有第二期的刊行。但两期刊物中除田汉、闻一多二先生之作是珍贵史料外，皆幼稚不堪重读也！

萍

第一卷

第一期

一九八八年七月十二日 陈白尘识于南京

1927，12.

萍社印行

陈白尘题词《萍》

中国现代文学期刊罕见本。1927年12月创刊于上海，月刊。1928年2月出至第1卷第2期后终刊。萍社是陈白尘、左明、陈凝秋等文学青年组织的文学社团，刊物内容以戏剧为主，刊有田汉、闻一多等人作品。上图藏本有陈白尘1989年亲笔题跋，叙述了该刊的缘起、发展及其与南国社的关系。

春酌

田漢

征鴻，明中：

昨晚實在應該替你們把文章寫好，免誤你們「萍」的出版期，可是我坐在那盞用報紙做罩的洋油燈下，覺得我的心境和那種盞燈光一樣的昏暗，幾次拿起筆想寫，可又寫不下來，祗望着你們大家在努力校稿的情狀覺得非常可羨。你們都在人生的首途，都有一種很熱烈的追求心，追求着眞，追求着美，追求着名譽，追求着愛，集合幾個意趣相投的朋友在一種艱苦的環境裏努力地建設你們所追求的夢——你們的萍，天寒無火不能停止你們那不知道勞倦的手，燈暗無光不能遮你們那燃燒着希望的眼，均勻的，冷靜的鐘擺底聲音和着你們那緊張的共通的呼吸——這是多麽一種可羨的景象呢？

我，年紀比你們大不了幾歲的我，也有過這一種經驗。我曾與左舜生先生們創辦過「少年中國」，又曾與郭郁諸先生創辦過「創造」，不過那都是從海外寄些稿子給他們，編輯校對是不由我負責的。從編輯校對到摺疊發行都由自己負責的，要算我和易漱瑜女士合辦的「南國半月刊」了。爲這個半月刊我委實費了不少的氣力，結果

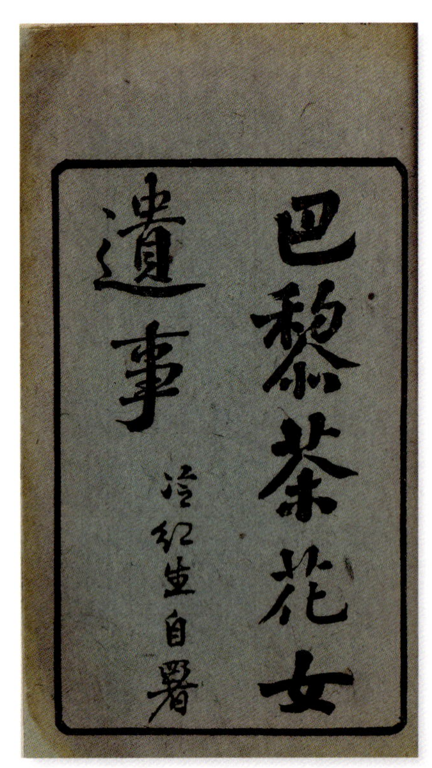

《巴黎茶花女遗事》

法国小仲马原著，王寿昌口译，林纾笔述，光绪二十五年（1899）正月出版于福州，私印本，存世极罕。是书为我国最早翻译出版的西方文学名著，对中国近代社会影响很大。是书发行后不胫而走，版本极多，本书谨收录最初出版的四种版本。

1899 年 2 月福州吴玉田刻本（全二册）

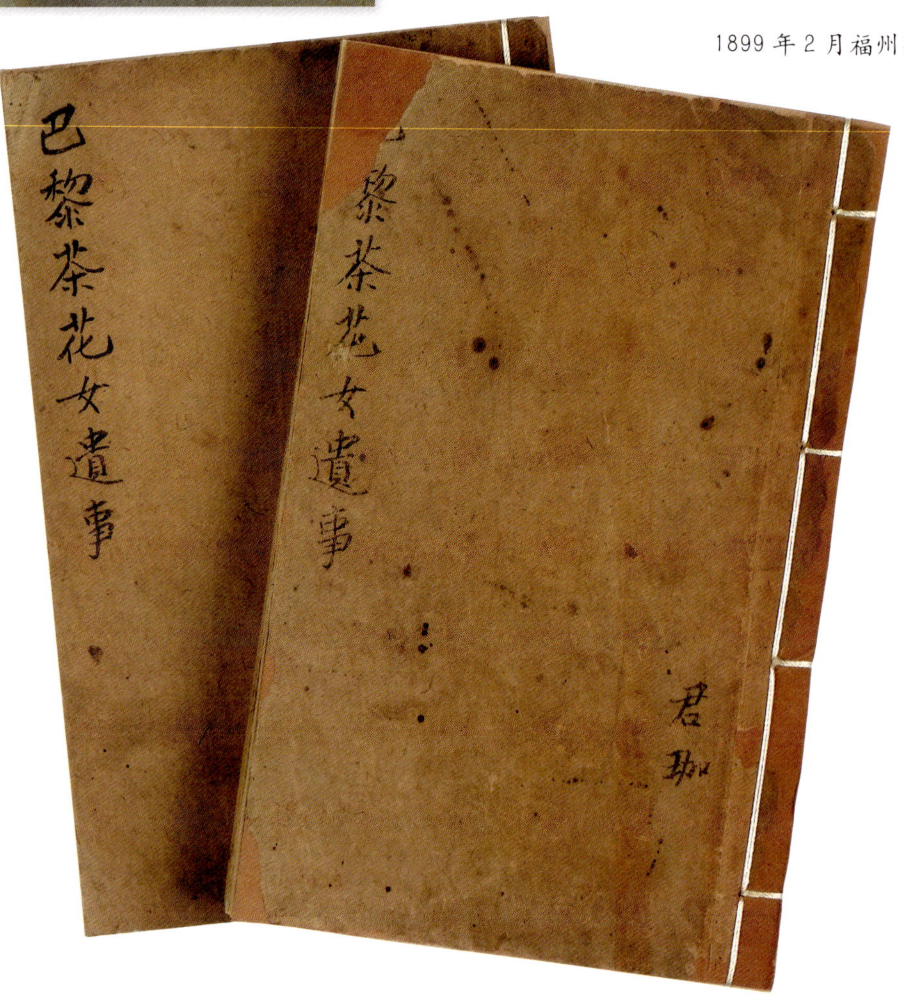

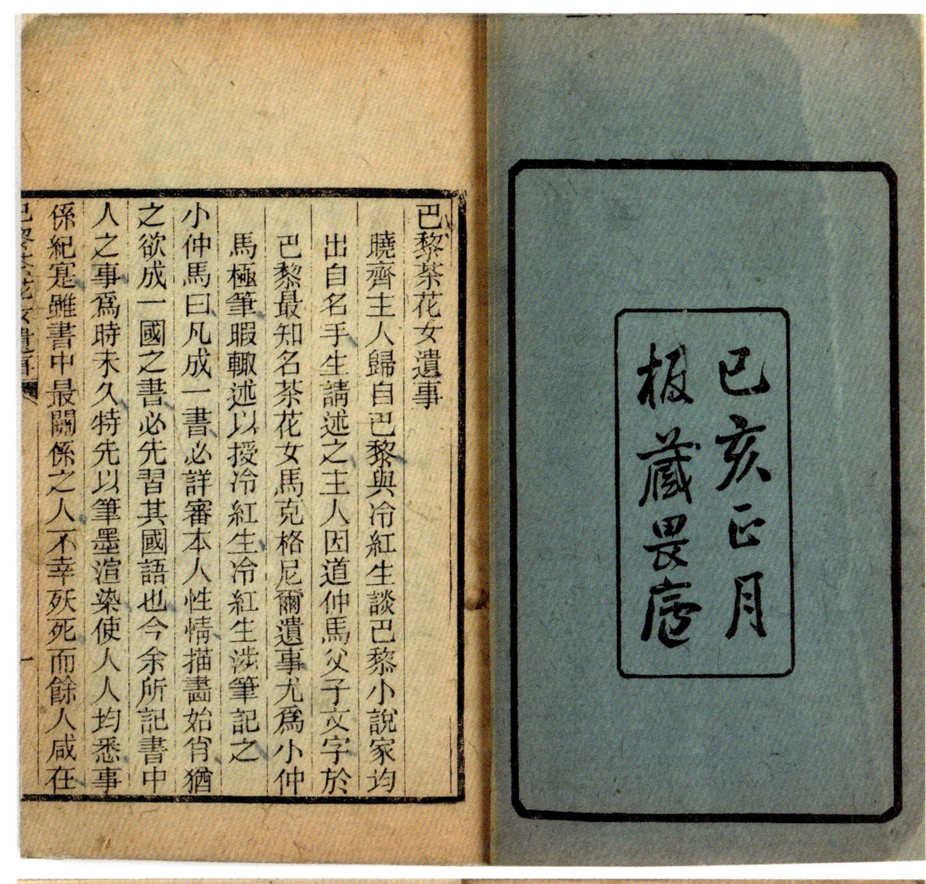

巴黎茶花女遺事

曉齋主人歸自巴黎與冷紅生談巴黎小說家均出自名手生請述之主人因道仲馬父子文字於巴黎最知名茶花女馬克格尼爾遺事尤爲小仲馬極筆暇輒述以授冷紅生冷紅生涉筆記之

小仲馬曰凡成一書必詳審本人性情描畫始肖猶之欲成一國之書必先習其國語也今余所記書中人之事爲時未久特先以筆墨渲染使人人均悉事係紀寔雖書中最關係之人不幸夭死而餘人咸在

巴黎茶花女遺事 一

己亥正月
板藏畏廬

淚二目明澈聰穎絕倫而出言婉淑無俗狀見其兄歸乃大喜竟不知有一勾欄人將爲其兄保家聲竟掩抑以死也余住其家數日觀其家人調護亞猛已漸忘其悲梗之心乃歸因書其顛末如右均紀實也

巴黎茶花女遺事

福州吳玉田鐫字

1899年2月福州吴玉田刻本内页及末页

巴黎茶花女遺事

書經存案 翻刻必究

己亥夏素隱書屋

託昌言報館代印

巴黎茶花女遺事

曉齋主人歸自巴黎、與冷紅生談巴黎小說家均出自名手、生請述之、主人因道仲馬父子文字、於巴黎最知名茶花女馬克格尼爾遺事、尤爲小仲馬極筆、暇輒述以授冷紅生、冷紅生涉筆記之、

小仲馬曰、凡成一書、必詳審本人性情、描畫始肖、猶之欲成一國之書、必先習其國語也、今余所記書中人之事、爲時未久、特先以筆墨渲染、使人人均悉事係紀實、雖書中最關係之人、不幸殀死、而餘人咸在、可資以證此事、始在巴黎、觀書者、試問巴黎之人、匪無不知、然非余亦不能盡舉其纖悉之事、蓋余有所受而然也、余當一千八百四十年三月十三日、在拉非德見黃榜署拍賣日期、爲屋主人身故、身後無人、故貨其器物、榜中亦不署主人爲誰、准以十六日十二點至五點止、在恩談街第九號屋中拍賣、又預計十三十四二日、可以先往第九號屋中省識其當意者、余素好事、意殊不在購物、惟必欲一觀之、越明日、余至恩談街、爲時尚早、士女雜沓、車馬已紛集其門、衆人遍閱之下、既美精緻、咸有駭歎之狀、余前後流覽、乃知爲勾欄中人住宅也、是時閨秀來者尤多、皆頻頻注目、蓋良竊判別、平時不[illegible]、[illegible]華妝外炫、閨秀咸已見之、唯秘藏之處、不可得窺、故此來尤蓄[illegible]

1899年夏上海素隐书屋白纸本

巴黎茶花女遺事

書經存案 翻刻必究

1899 年夏上海素隐书屋竹纸本

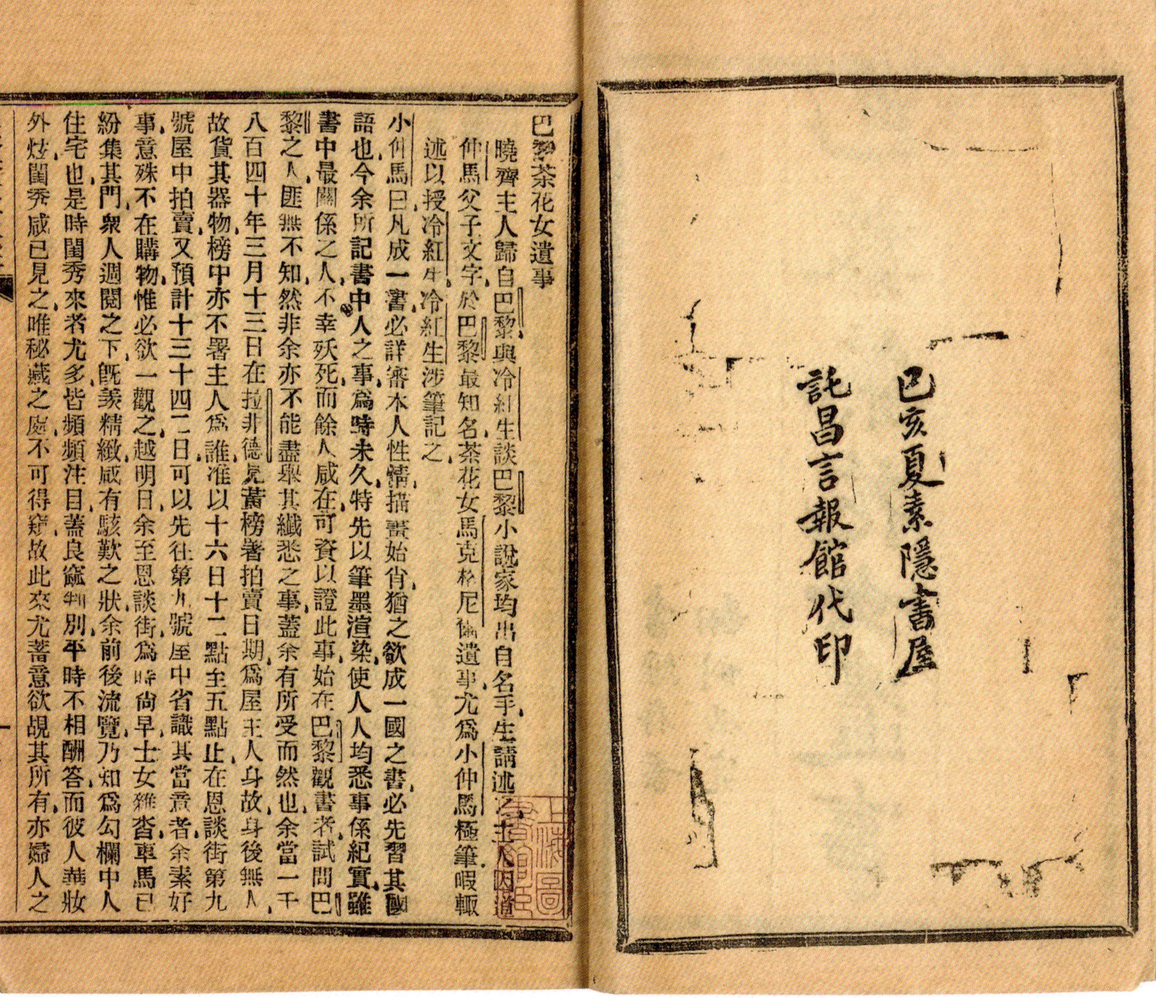

己亥夏素隱書屋
託昌言報館代印

巴黎茶花女遺事

曉齋主人歸自巴黎與冷紅生談巴黎小說家均出自名手生請述之主人因道仲馬父子文字於巴黎最知名茶花女馬克格尼儞遺事尤為小仲馬極筆暇輒述以授冷紅生冷紅生涉筆記之

小仲馬曰凡成一書必詳審本人性情描畫始肖猶之欲成一國之書必先習其國語也今余所記書中人之事為時未久特先以筆墨渲染使人人均悉事係紀實雖書中最關係之人不幸夭死而餘人咸在可資以證此事始在巴黎觀書者試問巴黎之人匪無不知然非余亦不能盡舉其纖悉之事蓋余有所受而然也余當一千八百四十年三月十三日在拉非德見黃榜署拍賣日期為屋主人身故身後無人故貨其器物榜中亦不署主人為誰准以十六日十二點至五點止在恩談街第九號屋中拍賣又預計十三十四二日可以先往第九號屋中省識其當賣者余素好事意殊不在購物惟必欲一觀之越明日余至恩談街為時尚早士女雜沓車馬已紛集其門眾人週閱之下既羨精緻咸有駭歎之狀余前後流覽乃知為勾欄中人住宅也是時閨秀來者尤多皆頻頻注目蓋良家判別平時不相酬答而彼人艷妝外炫閨秀咸已見之唯秘藏之處不可得窺故此來尤著意欲覘其所有亦婦人之

巴黎茶花女遺事 一

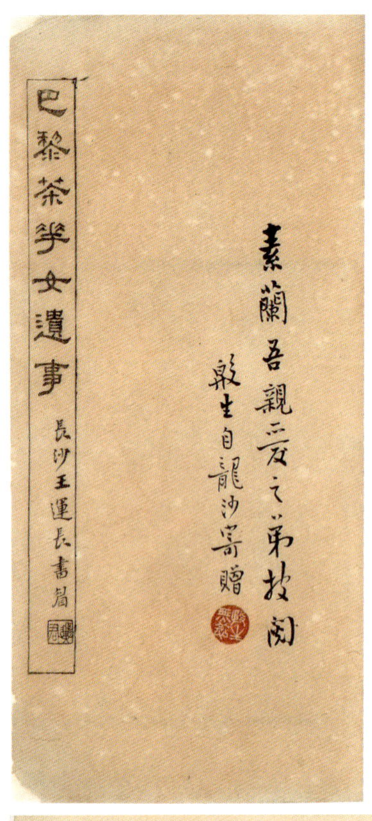

1901 年玉情瑶怨馆初印本

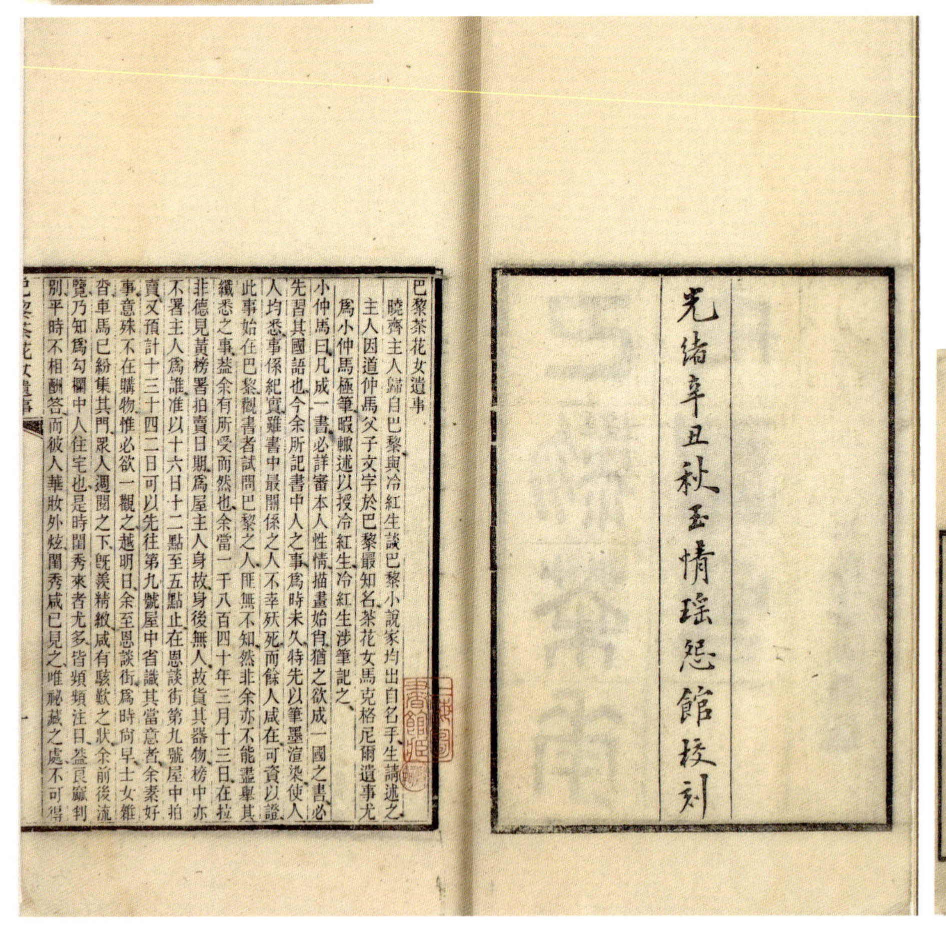

光緒辛丑秋玉情瑶怨館校刻

巴黎茶花女遺事

曉齊主人歸自巴黎與冷紅生談巴黎小說家均出自名手生請述之主人因道仲馬父子文字於巴黎最知名茶花女馬克格尼爾遺事尤為小仲馬極筆暇輒述以授冷紅生冷紅生涉筆記之

小仲馬曰凡成一書必詳審本人性情描畫始肖猶之欲成一國之書必先習其國語也今余所記書中人之事為時未久特先以筆墨渲染使人人均悉事係紀實雖書中最關係之人不幸殀死而餘人咸在可資以證此事始在巴黎觀書者試問巴黎之人匪無不知然非余亦不能盡舉其纖悉之事蓋余有所受而然也余嘗一千八百四十年三月十三日在拉非德見黃榜署拍賣日期為屋主人身故身後無人故貨其器物榜中亦不署主人為誰准以十六日十二點至五點止在恩談街第九號屋中拍賣又預計十三十四二日可以先往第九號屋中省識其當意者余素好事意殊不在購物惟必欲一觀之越明日余至恩談街為時尚早士女雜沓車馬已紛集其門眾人週閱之下既羨精緻咸有駭歎之狀余前後流覽乃知為勾欄中人住宅也是時閨秀來者尤多皆頻頻注目蓋良賤判別平時不相酬答而彼人華妝外炫閨秀咸已見之唯祕藏之處不可得

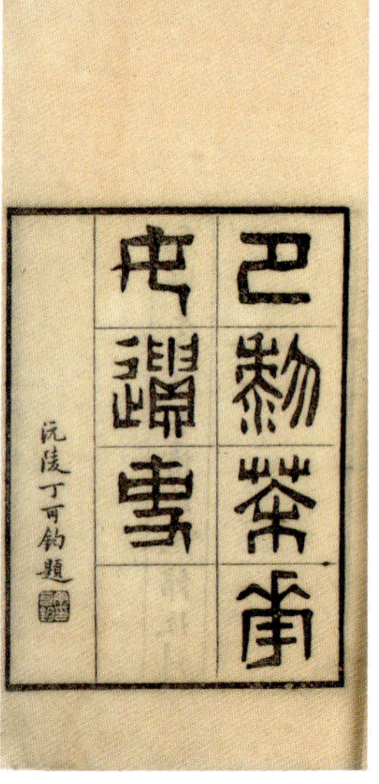

1901 年玉情瑶怨馆后印本

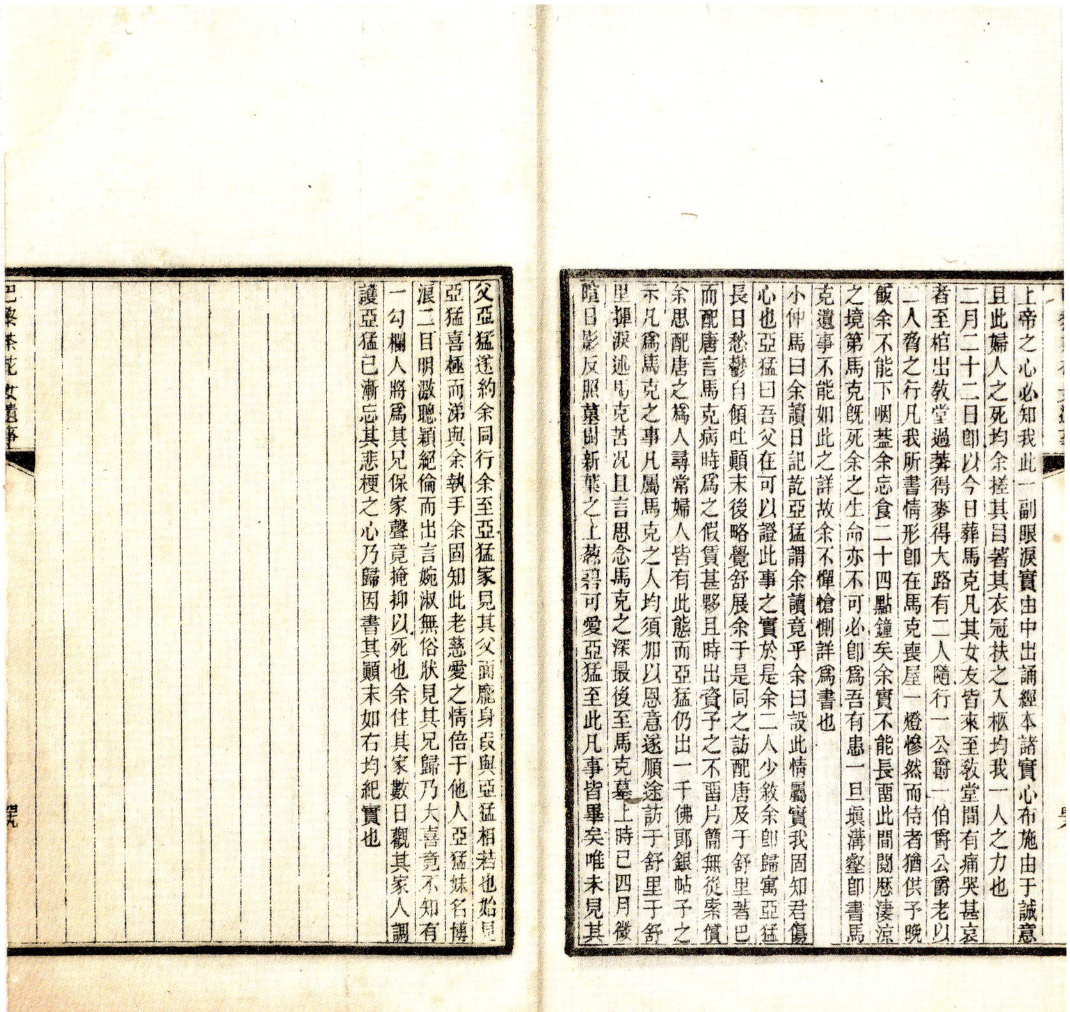

上帝之心必知我此一副眼淚實由中出誦經本諸實心布施由于誠意且此婦人之死均余搓其目著其衣冠扶之入柩均我一人之力也

二月二十二日即以今日葬馬克凡其女友皆來至教堂間有痛哭甚哀者至棺出教堂過葬得麥得大路有二人隨行一公爵一伯爵公爵老以二人脅之行凡我所書情形即在馬克喪屋一燈慘然而侍者猶供予晚飯余不能下咽葢余忘食二十四點鐘矣余實不能長留此間閱歷淒涼之境第馬克既死余之生命亦不可必即爲吾有患一旦塡溝壑即書馬克遺事不能如此之詳故余不憚愴惻詳爲書也

小仲馬曰余讀日記訖亞猛謂余讀竟乎余曰設此情屬實我固知君傷心也亞猛曰吾父在可以證此事之實於是余二人少敘余即歸寓亞猛長日愁鬱自傾吐顛末後略覺舒展余于是同之訪配唐及于舒里著巴而配唐言馬克病時爲之假貸甚夥且時出資予之不留片簡無從索償余思配唐之爲人尋常婦人皆有此態而亞猛仍出一千佛郎銀帖子之示凡爲馬克之事凡屬馬克之人均須加以恩意遂順途訪于舒里于舒里揮淚述馬克苦況且言思念馬克之深最後至馬克墓上時已四月微暄日影反照墓樹新葉之上蒸碧可愛亞猛至此凡事皆畢矣唯未見其父亞猛遂約余同行余至亞猛家見其父爾龐身長與亞猛相若也始見亞猛喜極而涕與余執手余固知此老慈愛之情倍于他人亞猛妹名博渥二目明澈聰穎絕倫而出言婉淑無俗狀見其兄歸乃大喜竟不知有一勾欄人將爲其兄保家聲竟掩抑以死也余住其家數日觀其家人調護亞猛已漸忘其悲梗之心乃歸因書其顛末如右均紀實也

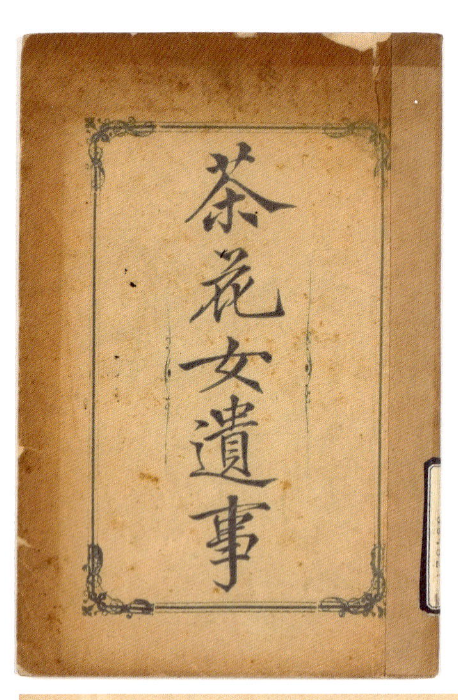

1903 年上海文明书局版

凡此情愫。只宜出之妙年。若佳人年老。收爲後房。則阻礙之處。尤匪言所罄。子姑信吾言。以泛泛視馬克。勿太銳進以自苦也。余始不意配唐有此見識。竟無詞以答。只能執手爲謝。配唐復曰。子速除成見。更勿蹙蹙其容。子但問家實膛便知此中利病。言已。推窗同倚。俯視路上。闃然無一過者。余昏然懵然。已將馬克二字鑿入腦際。不可除革。雖知配唐言善。竟亦不能從也。惟時時噓氣。配唐心殊不然。似以余爲病入膏肓。無足理者。已見伯爵登車。配唐闔窗而入。即聞馬克呼曰。來饌。戠冷矣。余既過馬克家。馬克謂余曰。子仍弗適乎。配唐曰。否。吾已婉導之。誓言改矣。馬克曰。能改。固善。馬克談次。匏犀粲然。娟媚入骨。余此時。更無言說。自度在他人。則爲極樂。而余時味配唐之說。欲姑行之。殊病木强。言笑咸不自適。移時配唐自去。余與馬克同坐爐隈。馬克凝神若痴。乃顧余曰。子知余此時之心乎。余方摒擋一事。今且弗言。事成。余當無累。定與亞猛適野。過彼炎夏也。余曰。此着也是子一人摒擋而來耶。抑有他人資助耶。馬克曰。余力安能獨支。冀事成與子共被其

利耳。余聞言怒形于色。因憶漫郎與德習愷爾誑他人腰纏。爲男女行樂之地。醜行貽在人口。余豈屑之。不覺聲抗而厲言曰。吾請馬克勿强吾同享他人之利。利不我出。我亦不敢邀馬克享之。馬克曰。何謂也。余曰。我固知子與伯爵深謀矣。第利非出自亞猛之身。豈能以此重汚馬克。馬克曰。亞猛猶童騃也。我始以爲亞猛眞心愛我。今方知余之誤也。遽趣琴棹復彈闍威打賞啞拉坪卡調。余聞馬克琴聲。恍然憶初來時已聞此調。卽近馬克。琴次言曰。君其恕我之戇乎。馬克曰。子試觀之。定情甫二夕。卽哀我見恕。是我與君初時之約。岌岌殊不足保矣。余曰。馬克余愛君過深。故喜怒無端妄發。乍適野之議。余詎弗悅。因追念資助。必資于彼人。不覺氣如結轖耳。馬克乃雙挽余手笑曰。子試思之。爾我二人相愛。適野自怡。豈非人生難遇之事。矧我怯弱之身。尤宜作數月將息。然既久客野次。則家事紛如亂絲。尤宜節節梳理。且縝密部署。卽所以不欲累君。君非妄語也。蓋吾心坎之中。得君已極美滿。不能更著一人。而君竟嚴氣正詞責我何也。言未已。馬克復曰。童騃

《域外小说集》

外国短篇小说集，署名“周氏兄弟（周树人、周作人）纂译”，1909年2月和6月由译者自费出版于日本东京。是书共收英国王尔德等14位外国作家的38篇短篇小说，为我国最早翻译出版的外国短篇小说集。

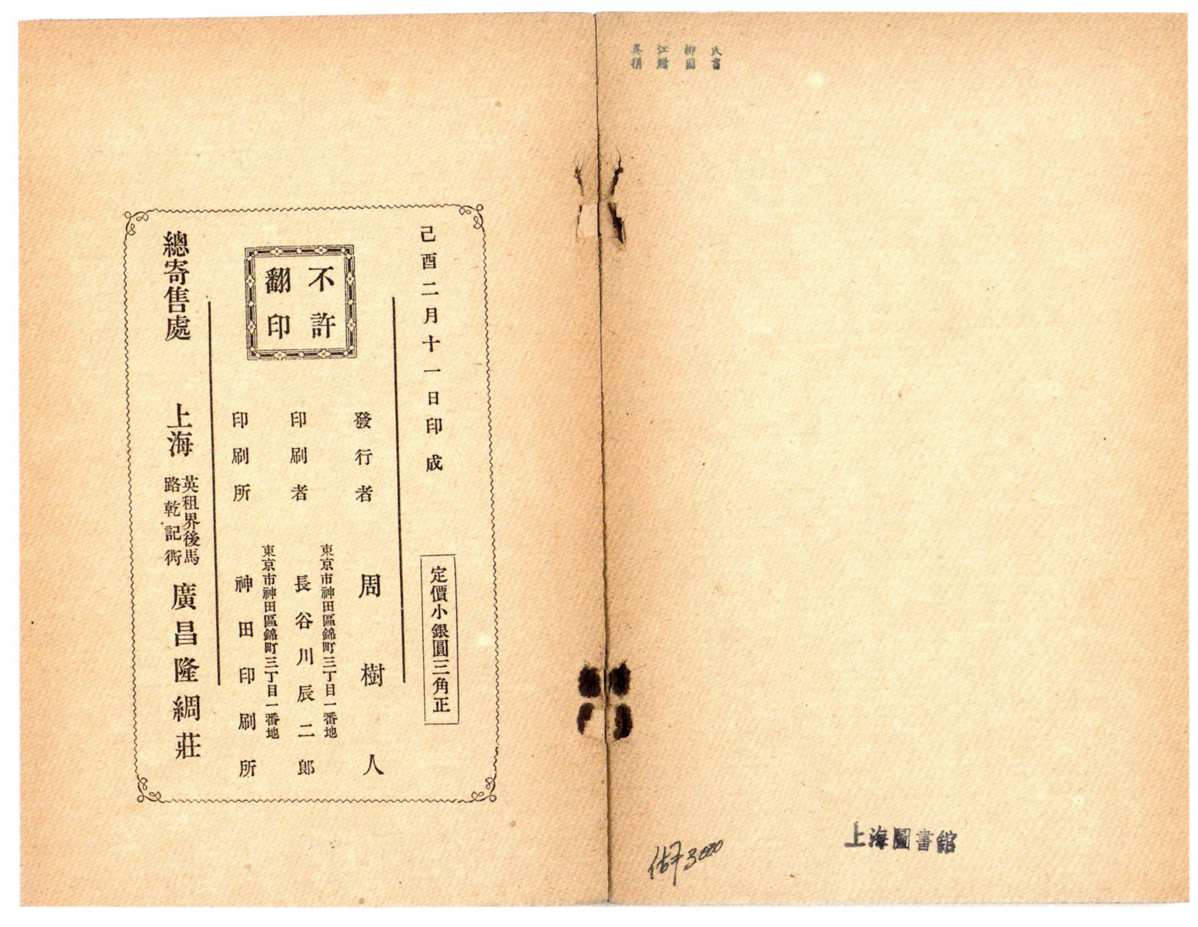

己酉二月十一日印成

定價小銀圓三角正

發行者 周樹人

印刷者 東京市神田區錦町三丁目一番地 長谷川辰二郎

印刷所 東京市神田區錦町三丁目一番地 神田印刷所

不許翻印

總寄售處 上海英租界後馬路乾記衖 廣昌隆綢莊

曰不夠又殺一豬士卒復曰不夠不夠又殺一牛士卒曰吾儕餓甚邀於未食矣鄉人自念如是必噉我始已乎因答曰火伴請少待吾將往蠶舍爲君求蜜衆曰可鄉人取帽出門自語曰汝曹且坐嚙柱木當蜜可耳使不樂是可嚙磚爲代我則不復供養汝矣

鄉人走入深林行三晝三夜不止及第三日之夕至一荒地亙古無人迹登小山而坐又復四顧舉左足就其下取錢出此即前此自累之一文錢也鄉人視之曰吾錢吾爲汝久擔愁苦自汝之入吾懷肉攫之鳥即相因而至吾知無汝當更無歡然吾寧取雙睛終勝見吾辛苦所得之錢往事仇敵也隨掘一穴埋錢其中自偃臥錢壠之上愀然苦思曰如汝無錢可臥棺中如有一錢溺汝水中已復長歎伏地禱曰嗟夫地母敎我以我不知當如何而行乃能無憂即在吾生亦得有好日度也言已遂入湛睡

百六

* * * *

人在黎明智故勝於夜分也詰朝鄉人覺深思久之起折樹枝以利石治成錐狀用造一土室上覆雜樹益以青苔凡有罅隙亦無不以苔苴之閉戶支以石遂居其中久之田野艸原百物皆具儼然一家鄉人居之惟在樂康中度其歲月也

小子何言使凡良民能少加智慧各知自衞能有爲者則世界人人皆可平安豐富終其一世更無須飄忽潛遯匿迹山林矣念之哉

百七

1909 年 6 月《域外小说集》第一、二册合订本貴之章。非戰功不能得。

域外小說集第一册目次

域外小說集第二册以後譯文

新譯豫告

己酉六月十一日印成

定價小銀圓三角正

不許翻印

發行者　周樹人
東京市神田區錦町三丁目一番地

印刷者　長谷川辰二郎
東京市神田區錦町三丁目一番地

印刷所　神田印刷所

總寄售處　上海英租界後馬路乾記衖　廣昌隆綢莊

序詩

我是個無產階級者：
因爲我除個赤條條的我外，
甚麼私有財產也沒有。
「女神」是我自已產生出來的，
或許可以說是我的私有，
但是，我願意成個共產主義者，
所以我把她公開了，

「女神」喲！
你去，去尋那與我的振動數相同的人；
你去，去尋那與我的燃燒點相等的人。

女神

《女神》

现代新诗集，郭沫若著，上海泰东图书局1921年8月出版，共收诗70首，为创造社丛书第一种。是书为中国现代文学史上继胡适《尝试集》后的第二本新诗集，它彻底打破了旧体诗格律的束缚，对中国新诗运动产生很大影响。

匪徒頌

匪徒有真有假。

莊子胠篋篇裏說：「故盜跖之徒問於跖曰：盜亦有道乎？跖曰：何適而無有道耶？夫妄意室中之藏，聖也，入先，勇也，出後，義也，知可否，智也，分均，仁也，五者不備而能成大盜者，天下未之有也。」

像這樣，身行五搶六奪，口談忠孝節義的匪徒是假的。照實說來，他們實在是軍神武聖底標本。

物各從其類，這樣的假匪徒早有我國底軍神武聖們和外國底軍神武聖們讚美了。小區區非聖非神，一介「學匪」，只好將古今中外底真正的匪徒們來讚美一番罷。

（一）

反抗王政的罪魁，敢行稱亂的克倫威爾呀！

私行割據的草寇，抗糧拒稅的華盛頓呀！

圖謀恢復的頑民，死有餘辜的黎塞爾（菲律賓底志士）呀！

西北南東去來今，

一切政治革命底匪徒們呀！

萬歲！萬歲！萬歲！

（二）

倡導社會改造的狂生，瘐而不死的羅素呀！

倡導優生學底怪論，妖言惑衆的哥爾棟呀！

亙古的大盜，實行「波爾顯維克」的列甯呀！

西北南東去來今，

一切社會革命底匪徒們呀！

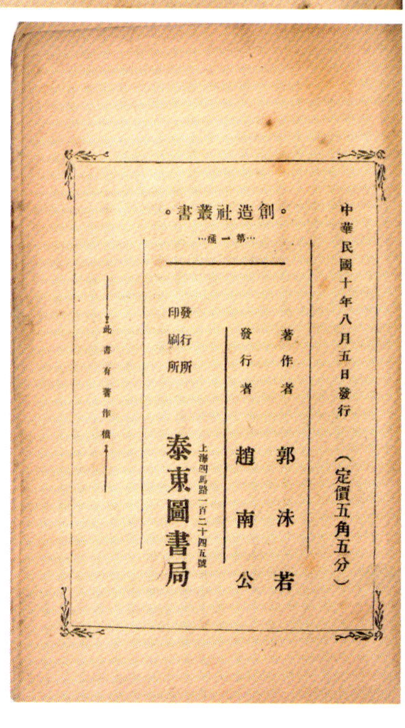

中華民國十年八月五日發行 （定價五角五分）

創造社叢書 …第一種…

著作者 郭沫若

發行者 趙南公

發行所 印刷所 泰東圖書局 上海四馬路一百二十四五號

此書有著作權

八月九日起日札

"幸福还不是不可能的"，这是我最近的发现。

今天早上的时刻，过得甜极了。我只要你；有你我就忘却一切，我什么都不想，什么都不要了，因为我什么都有了。

与你在一起没有第三人时，我最乐。坐着谈也好，走道也好，上街买东西也好。厂甸我何尝没有去过，但那有今天那样的甜法，爱是甘草，这苦的世界有了它就好上口了。

眉，你真玲珑，你真活泼，你真像一条小龙。

《爱眉小札》

日记影印本。是书为纪念诗人徐志摩诞生40周年和罹难5周年而发行，由陆小曼编辑，良友图书公司出版，以线装、精装两种版本行世。线装本于1936年4月发行，仅印100本，存世稀少。

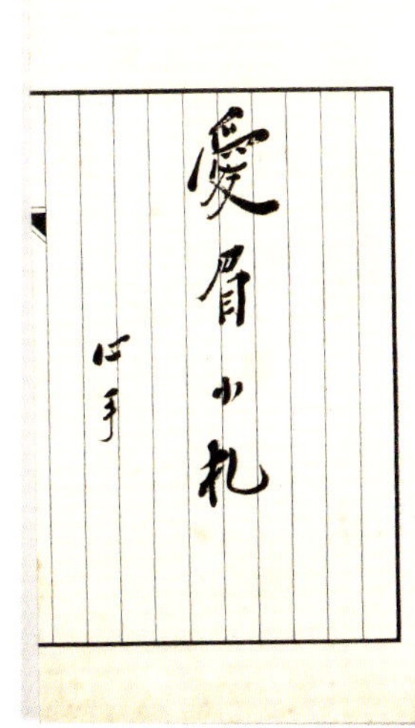

徐志摩先生爱眉小扎真跡手寫本限定印一百部每部實售國幣二元
二十五年四月十日出版
上海良友圖書公司印行

《春郊小景集》

版画作品集，李桦著，郑可装帧设计，1935年5月1日著者自印。著者为中国新兴版画事业创始者之一，此为其早期作品集，共收入《新绿》等作品18幅，全部为木版原拓，手工贴于特种纸上，传世极为稀少。

自序

廿三年春益堅捨余西歸後余方製作版畫六月以半歲收穫供世評覽因以本集展出然以一時抒情之作未嘗有付梓意也今春重憶舊事更目看版畫日臻發展附驥之心悠然復生稚拙不計竟以問世亦聊以紀念益堅及自已過程一階叚耳

廿四年清明節

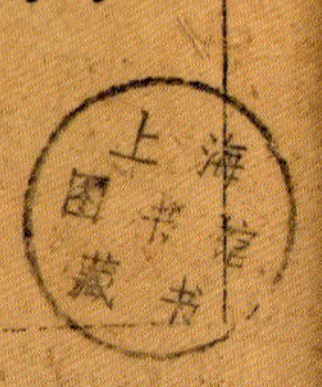

春郊小景集

現代版畫叢刊十二

春郊小景集

全部手印木刻

定價大洋壹圓

作者李樺

鄭可裝幀

廿四年五月一日出版

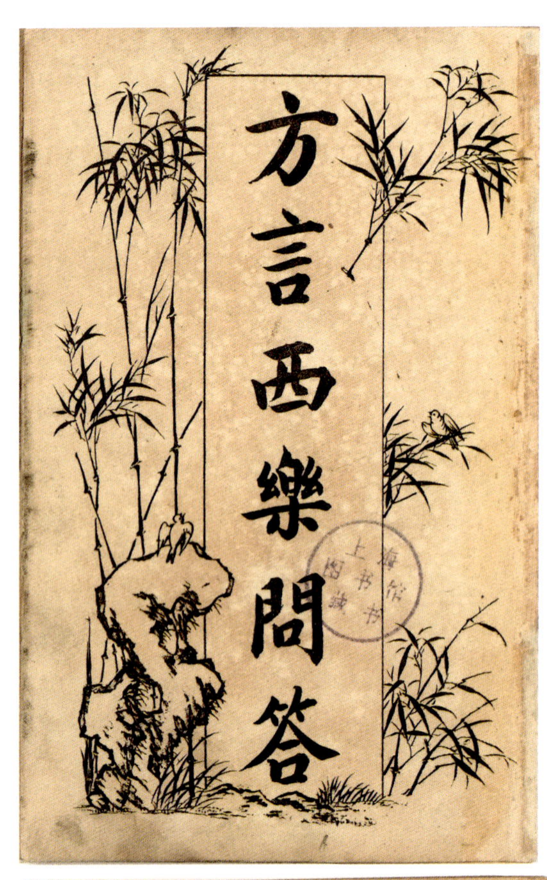

《方言西乐问答》

（葡）叶肇昌撰，张石湫翻译，土山湾慈母堂1903年5月石印出版。是书介绍五线谱的识谱知识，文字浅显，通俗易懂，为中国近代出版最早的介绍西方音乐的书籍。是书用上海方言翻译笔录，保存了20世纪初部分沪语的发音和文字记述，对研究上海方言演变亦有一定意义。

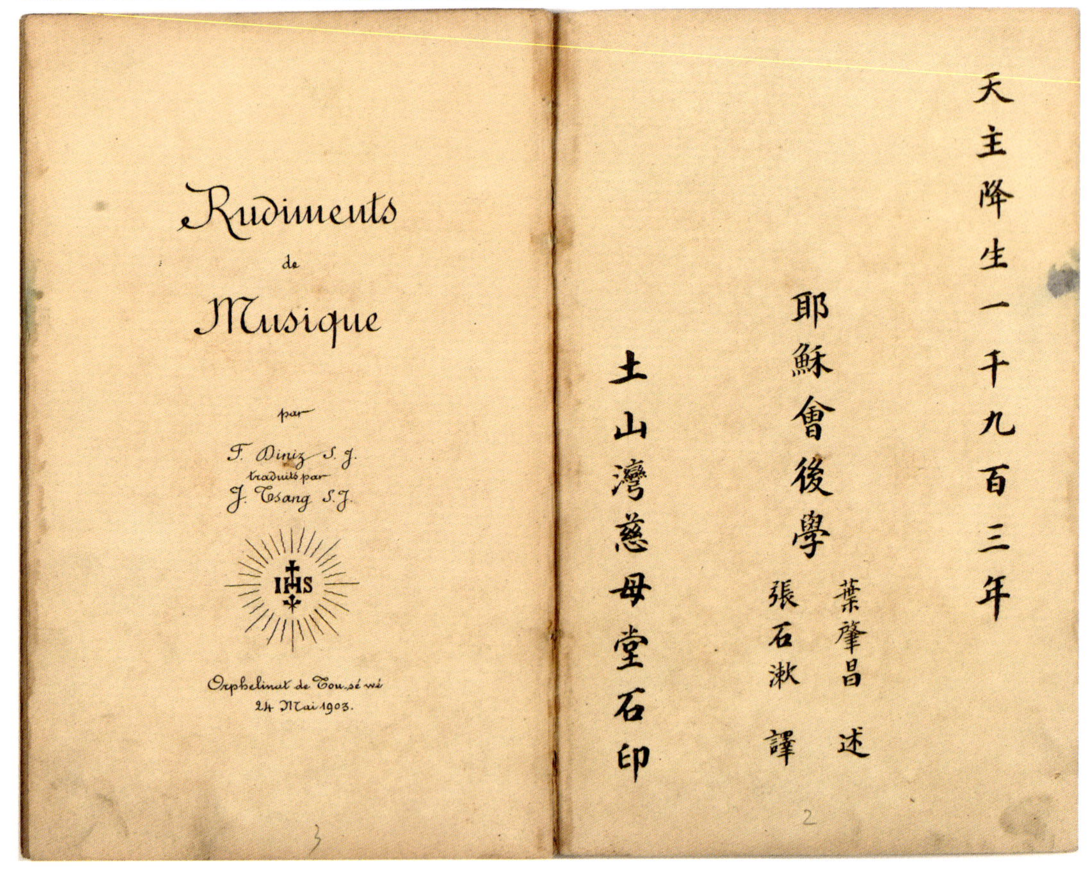

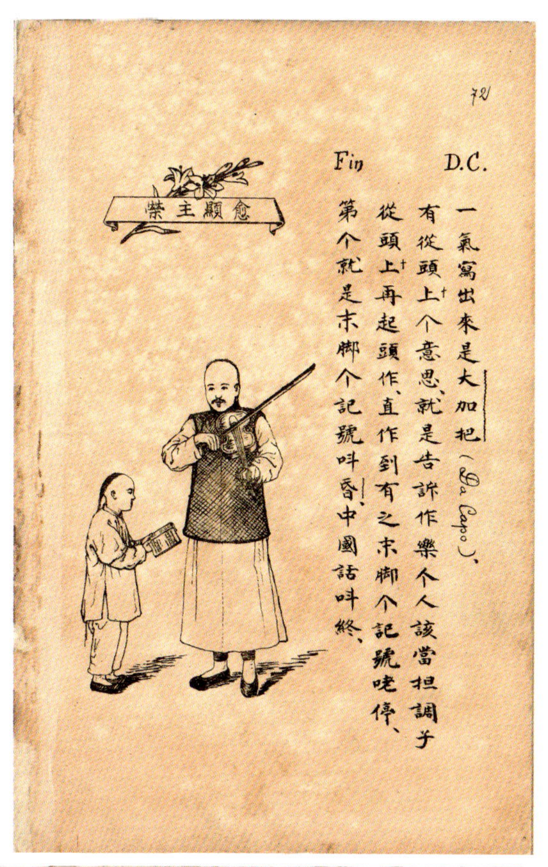

72

Fin D.C.

一氣寫出來是大加把（Da Capo）、有從頭上个意思、就是告訴作樂个人該當担調子從頭上再起頭作、直作到有之末脚个記號咾停、第个就是末脚个記號叫啥中國話叫終、

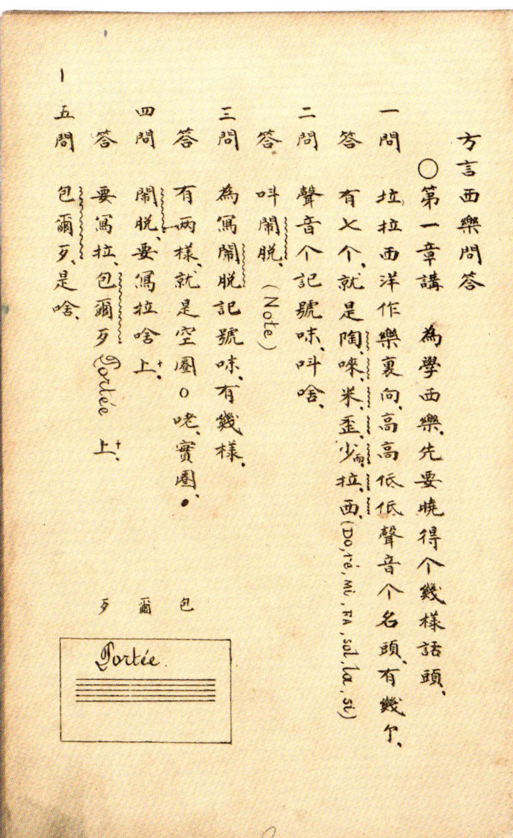

方言西樂問答

○第一章講 為學西樂先要曉得个幾樣話頭、

一問 拉拉西洋作樂裏向、高高低低聲音个名頭、有幾个、

答 有七个、就是陶、咪、米、歪、少、拉、西、(Do, ré, mi, fa, sol, la, si)

二問 聲音个記號咪、叫啥、

答 叫鬧脫、(Note)

三問 為寫鬧脫記號咪、有幾樣、

答 有兩樣、就是空圈○咾、實圈●、

四問 鬧脫、要寫拉啥上、

答 要寫拉、包爾歹 Portée 上、

五問 包爾歹、是啥、

包爾歹

Portée

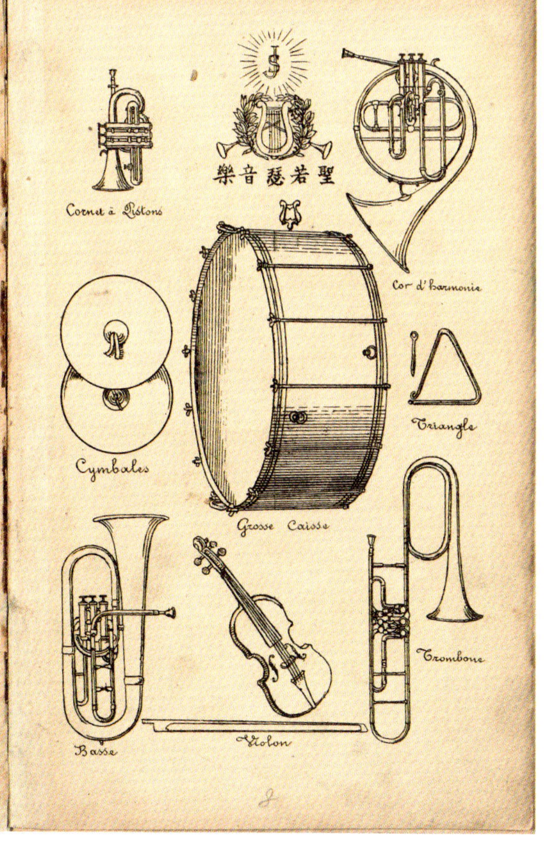

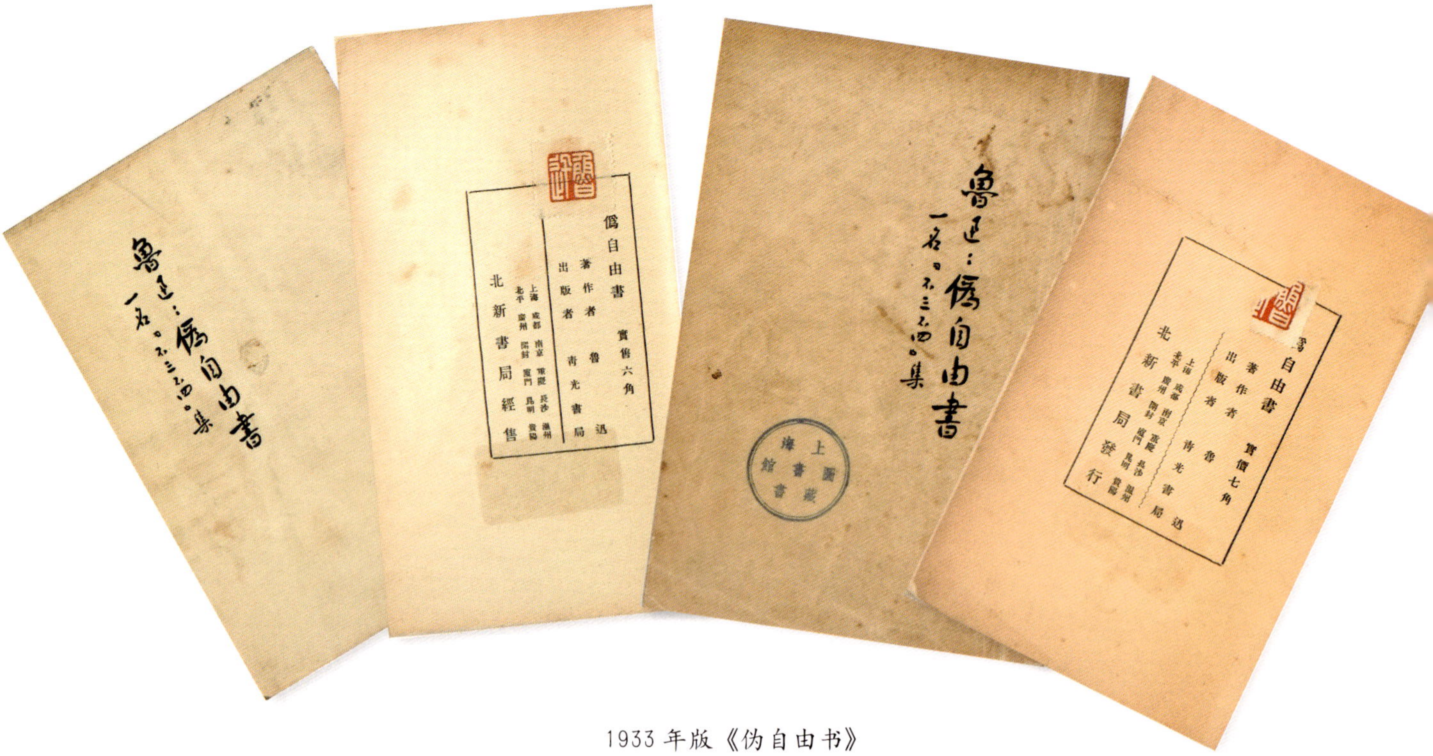

1933 年版《伪自由书》

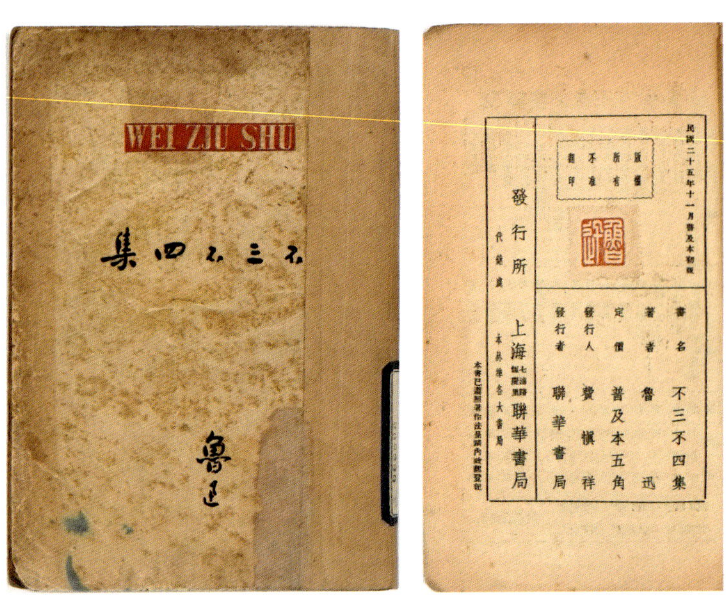

1936 年 11 月版《不三不四集》

《伪自由书》

杂文集，鲁迅著。1933 年 10 月由北新书局以青光书局的名义出版。是书共收杂文 43 篇（其中 9 篇由瞿秋白执笔），强烈讽刺当局所谓“言论自由”的虚伪性，故甫一出版即遭查禁。1936 年 11 月，联华书局易名《不三不四集》重版此书，一月后再次遭禁，该版本存世稀少。

《现代文学》1 卷 4 期初版本

北新书局 1930 年 7 月创刊，共出版 6 期。该年 10 月，《现代文学》1 卷 4 期上发表了冯铿歌颂红军的作品《女同志马英的日记》，旋即遭到国民政府的查禁，后书局很快又发行了一个删去冯铿作品的新版本行世。国民政府对左翼文学的这次迫害极少为人所知，《现代文学》1 卷 4 期初版本的存世也极为珍罕。

80　現代文學　1

誤，但在××的情熱上，還有少數的可以尊敬的人。這些人們，不久就走向共產主義這邊來，回到普羅列塔利特的立場了。我們到現在已經看見了許多例證。文藝家之中，現在在“普羅作家同盟”裏面也包含着不少的這種人。

所以現在的無政府主義文藝——小說，連保持自身純潔都感困難了．在走向現社會、是反動的 In'elligentia 的，一切思想混雜的現社會）的絕望中，他們發見了好的伴隨者——虛無主義，大大主義；在空想的天國之幻想中，有了墮落到浪漫主義與象徵主義的傾向。無政府主義的小說，要脫離自然主義的領域，是不可能的。

以上，我們明白了無政府主義的文藝——小說，是個什麼東西，更可結論如次：

無政府主義文藝，在各種意味上，是反 Marx主義的，是反普羅列塔利亞的。無政府主義的文藝——小說，並不是作爲××的武器的普羅文藝，並且是反××的文藝。換言之，是意識的或無意識的，作爲支配階級武器的文藝。他們，正如洛莎氏所說，在文藝上無政府主義也是做的反××的行動的職務。

（下期續完）

女同志馬英的日記

馮　鏗

五月二十八日

把印着他媽的什麽遺像遺囑等東西的硬封面連同已經塗上墨迹的上半部一起撕掉，這册日記馬上就變成赤裸裸的白紙簿子，還附着日曆的。好呀！我立即抓起這根禿頭的自來水筆，在第一頁上塡上大大的四個字‘紅的日記’底下還歪歪地簽了個‘馬英’的小名字。

哈哈，你以後是我的好朋友了！連同這根性命也似的步鎗；喫飯，拉矢都緊緊跟在一起啦！哈哈，可愛呀！我的鐵情人，我的小孩子寶寶！可不是麽？旣然這根有着沉重的力和燦爛的情熱能夠支配着人的步鎗早已成了我的情人，那這册白裸裸地，可以向牠低語溫存的日記不就是我的 Little baby 麽？……

這些爛調眞是不要說的好，什麽情人，什麽孩子?！看

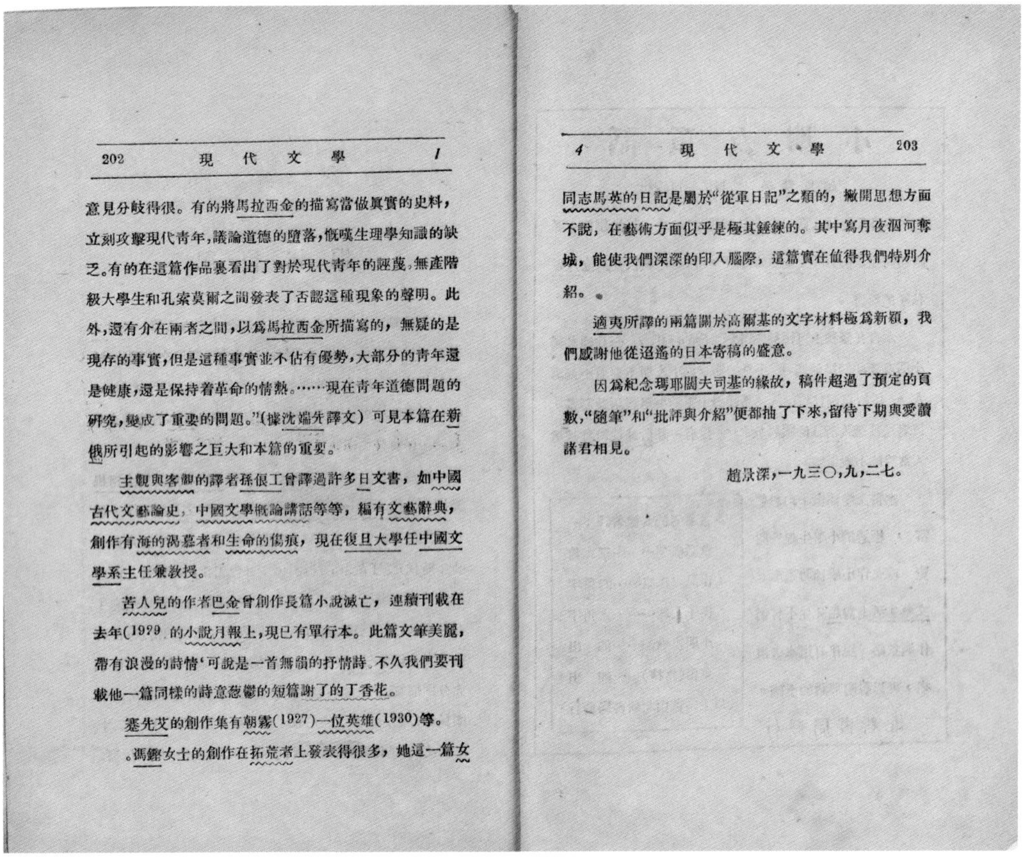

意見分岐得很。有的將馬拉西金的描寫當做眞實的史料，立刻攻擊現代青年，議論道德的墮落，慨嘆生理學知識的缺乏。有的在這篇作品裏看出了對於現代青年的誣蔑，無產階級大學生和孔索莫爾之間發表了否認這種現象的聲明。此外，還有介在兩者之間，以爲馬拉西金所描寫的，無疑的是現存的事實，但是這種事實並不佔有優勢，大部分的青年還是健康，還是保持着革命的情熱。……現在青年道德問題的研究，變成了重要的問題。"(據沈端先譯文) 可見本篇在新俄所引起的影響之巨大和本篇的重要。

主觀與客觀的譯者孫俍工曾譯過許多日文書，如中國古代文藝論史，中國文學概論講話等等，編有文藝辭典，創作有海的渴慕者和生命的傷痕，現在復旦大學任中國文學系主任兼教授。

苦人兒的作者巴金曾創作長篇小說滅亡，連續刊載在去年(1929 的小說月報上，現已有單行本。此篇文筆美麗，帶有浪漫的詩情‘可說是一首無韻的抒情詩．不久我們要刊載他一篇同樣的詩意葱鬱的短篇謝了的丁香花。

蹇先艾的創作集有朝霧(1927)一位英雄(1930)等。

。馮鏗女士的創作在拓荒者上發表得很多，她這一篇女

同志馬英的日記是屬於"從軍日記"之類的，撇開思想方面不說，在藝術方面似乎是極其鍾鍊的。其中寫月夜泗河奪城，能使我們深深的印入腦際，這篇實在值得我們特別介紹。

適夷所譯的兩篇關於高爾基的文字材料極爲新穎，我們感謝他從迢遙的日本寄稿的盛意。

因爲紀念瑪耶闊夫司基的緣故，稿件超過了預定的頁數，"隨筆"和"批評與介紹"便都抽了下來，留待下期與愛讀諸君相見。

趙景深，一九三〇，九，二七。

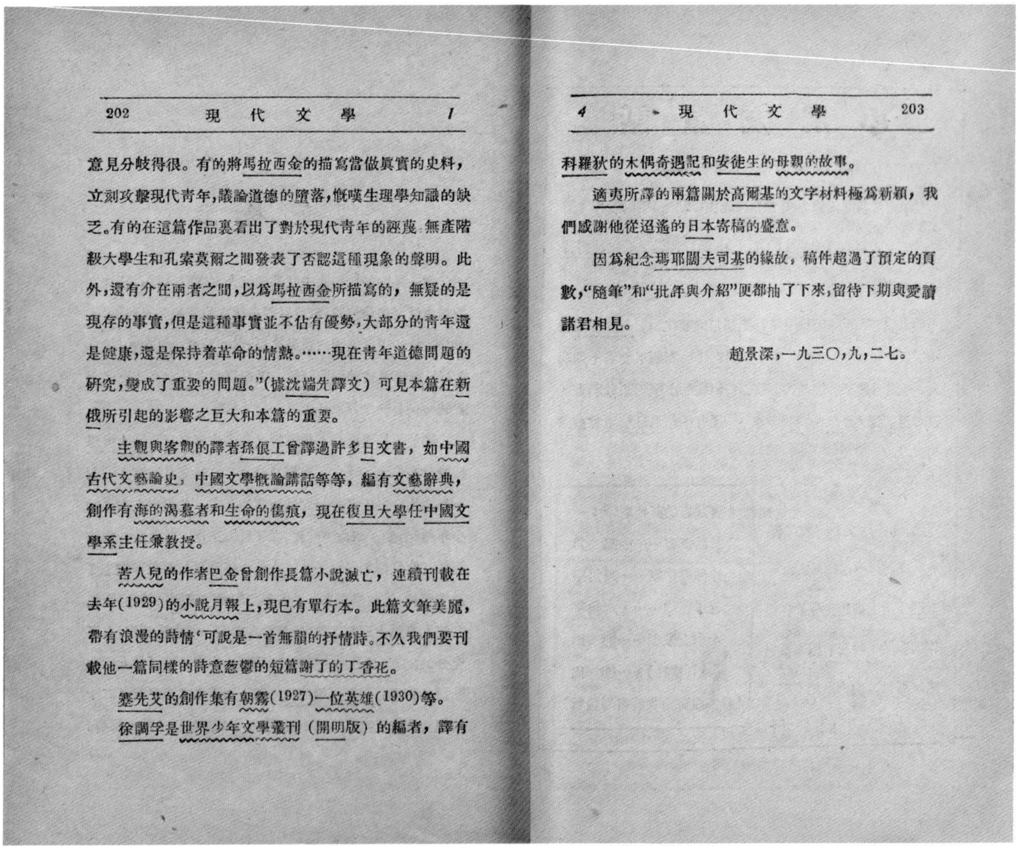

202 現代文學 1

意見分岐得很。有的將馬拉西金的描寫當做眞實的史料，立刻攻擊現代青年，議論道德的墮落，慨嘆生理學知識的缺乏。有的在這篇作品裏看出了對於現代青年的誣蔑，無產階級大學生和孔索莫爾之間發表了否認這種現象的聲明。此外，還有介在兩者之間，以爲馬拉西金所描寫的，無疑的是現存的事實，但是這種事實並不佔有優勢，大部分的青年還是健康，還是保持着革命的情熱。……現在青年道德問題的研究，變成了重要的問題。"(據沈端先譯文) 可見本篇在新俄所引起的影響之巨大和本篇的重要。

主觀與客觀的譯者孫俍工曾譯過許多日文書，如中國古代文藝論史，中國文學概論講話等等，編有文藝辭典，創作有海的渴慕者和生命的傷痕，現在復旦大學任中國文學系主任兼教授。

苦人兒的作者巴金曾創作長篇小說滅亡，連續刊載在去年(1929)的小說月報上，現已有單行本。此篇文筆美麗，帶有浪漫的詩情‘可說是一首無韻的抒情詩。不久我們要刊載他一篇同樣的詩意葱鬱的短篇謝了的丁香花。

蹇先艾的創作集有朝霧(1927)一位英雄(1930)等。

徐調孚是世界少年文學叢刊（開明版）的編者，譯有

科羅狄的木偶奇遇記和安徒生的母親的故事。

適夷所譯的兩篇關於高爾基的文字材料極爲新穎，我們感謝他從迢遙的日本寄稿的盛意。

因爲紀念瑪耶闊夫司基的緣故，稿件超過了預定的頁數，"隨筆"和"批評與介紹"便都抽了下來，留待下期與愛讀諸君相見。

趙景深，一九三〇，九，二七。

革命文献

Revolutionary Documents

《共产党宣言》

首版中译本。陈望道译。1920 年 8 月出版。封面标注“社会主义研究小丛书第一种”,版权页出版项标注“印刷及发行者社会主义研究社”。首印一千册,封面书名为《共党产宣言》。同年 9 月印行第二版,书名改正为《共产党宣言》。这是我国首次完整出版的《共产党宣言》,目前仅存世 11 册。

共產黨宣言

有一個怪物，在歐洲徘徊着，這怪物就是共產主義。舊歐洲有權力的人都因爲要驅除這怪物，加入了神聖同盟。羅馬法王，俄國皇帝，梅特湟，基佐（Guizot）法國急近黨，德國偵探，都在這裏面。

那些在野的政黨，有不被在朝的政敵，誣作共產主義的嗎？那些在野的政黨，對於其他更急進的在野黨，對於保守的政黨，不都是用共產主義這名詞作回罵的套語嗎？

由這種事實可以看出兩件事：

一．共產主義，已經被全歐洲有權力的人認作一種有權力的東西。

二．共產黨員，已經有了時機可以公然在全世界底面前，用自己黨底宣言發表自己的意見，目的，趨向，並對抗關於共產主義這怪物底無稽之談。

A to F Lot 76
BARRIER ROAD
CHURCH STREET
BRIDGE STREET
CUSTOM HOUSE ROAD
ROPE WALK ROAD
FIVES COURT LANE
KIRKS AVENUE
CHINESE CUSTOM HOUSE

舆图拾贝

Maps

《Ground Plan of The Foreign Settlement at Shanghai》(上海外国租界地图) 上海 Plans (Far East) Limited(远东地图公司)1855 年出版，78×103 cm

此图乃馆藏最早的按西方实测方法绘制的上海地图。由工部局工程师尤埃尔绘制。比例尺为一英寸等于 220 英尺，约为 1：2650。地图左上方有上海历史简介。图幅外左侧边上列有驻上海外侨名单 270 人左右，右侧列有英美领事馆的土地租地人名单。

THE BUND, 1849.
REFERENCE.
Light Red Ground with Dark Red Line
British Mercantile Firms
Do without Do
Parsee Firms and other British Lots
Light Blue Ground with Dark Blue Lines
American Firms.
Uncolored Chinese Tenants
Godowns
Roads Completed
Do Proposed and in Progress
A to F Lot 76 British Consulate &c.
RACE COURSE
SOOCHOW RIVER
BARRIER ROAD
CHURCH STREET
WONG POO
LIST OF RENTERS OF LAND
BRITISH CONSULATE
UNITED STATES CONSULATE

《东北义勇军作战计划要图》 112×77cm

此图四色手绘，绘制者不详。比例尺为 1：2000000。图右下方有具体作战计划的文字说明，据其内容推测，该图大约绘制于1934–1935年间。该项作战计划以后未见实施。

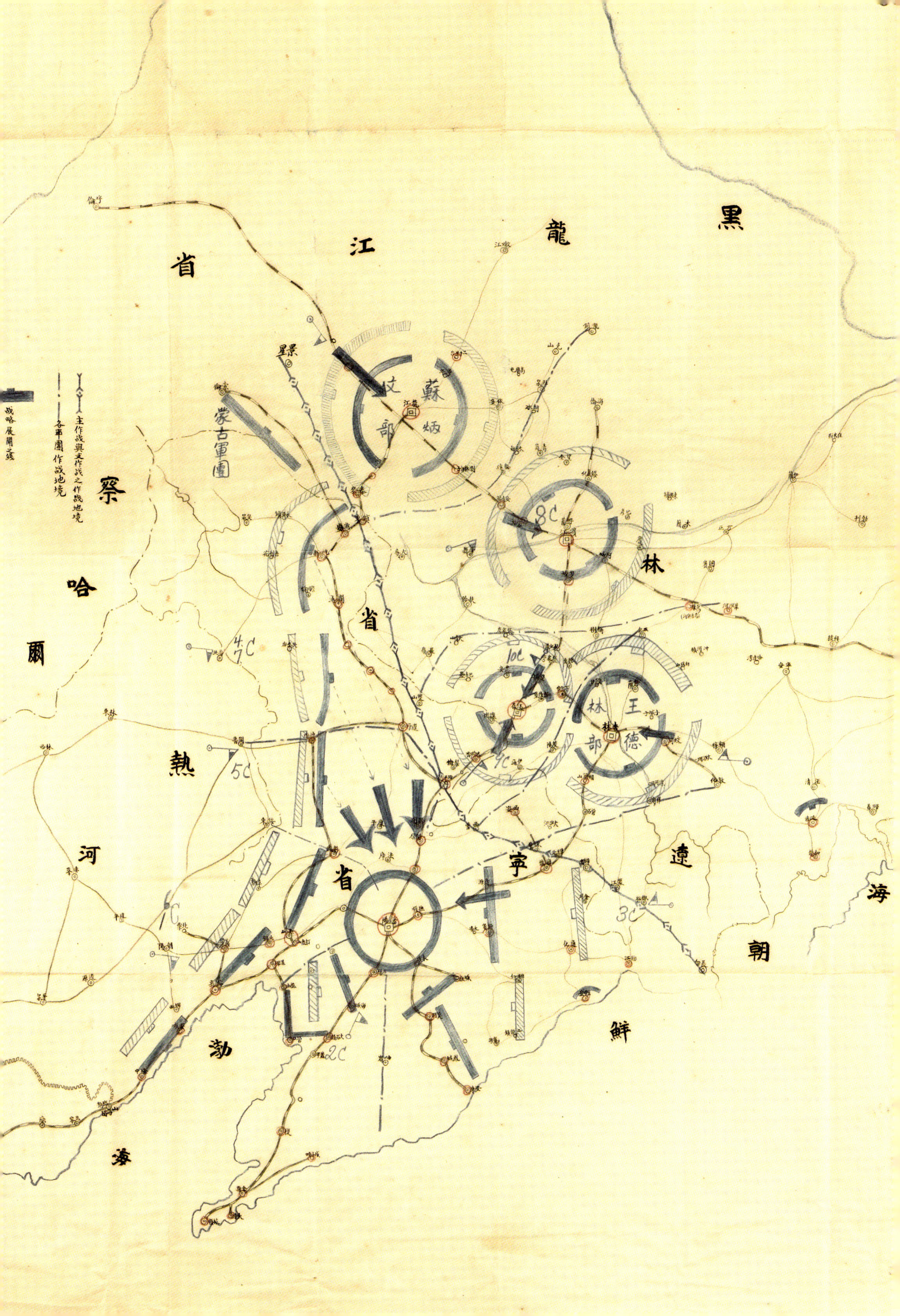

主作战與支作战之作战地境
各軍團作战地境
战略展開之綫
黑龍江省
吉林省
遼寧省
察哈爾
熱河省
朝鮮
海
渤海
蘇炳文部
王德林部
蒙古軍團
8c
10c
4c
5c
3c
2c

外文撷英

Foreign Works

《曼德维尔游记》

英国作家约翰·曼德维尔著，米兰1480年版，摇篮本。《曼德维尔游记》是欧洲中世纪一部极富想象力的散文体虚构游记。该书由欧洲早期的“神游旅行者”用二手材料编写而成，是中世纪晚期欧洲了解中国的重要著作之一。

Tractato de le piu marauegliose cosse e piu notabile che se trouano in le parte del mōdo redute z collecte soto breuita in el presente cōpēdio dal strenuissimo caualeī sperō doro Johanne de Mandauilla anglico nato ne la Cita de sancto albano el quale secōdo dio prīcialmente a uisitato quasi tute le parte habitabel de el mōdo cossi fidelmēte a notato tute quelle piu degne cosse che la trouato e veduto in esse parte z chi bene discorre q̄sto libro auera ꝑfecta cognitione de tuti li reami ꝓuincie natione e populi gente costumi leze hystorie z degne antiquitate cō breuitade le quale pte da altri non sono tractate z parte piu cōfusamēte dalchūi gran ualente homini son state tocate z amagiore fede el ꝑfato auctore in ꝑsona e stato nel 1322. in yerusalem In Asia menore chiamata Turchia i Armenia grande e in la picola. In Sythia zoe in Tartaria in persia In Syria o uero suria In Arabia in egipto alto z in lo inferiore in libia in la parte grande de ethiopia in Caldea in amazonia in india mazore in la meza z in la menore in diuse sette de latini greci iudei e barbari christiani z infideli z i molte altre prouincie como appare nel tractato de sotto

ONCIO sia cossa ch̄ la terra ultramaria zoe la terra santa de ꝓmissiōe fra tute le altre terre sia la piu excelēte ela piu degna e dona sopra tute le altre terre. e sia benedeta e sāctificata e ꝯsecrata del ꝑtioso corpo e sangue del nostro signore iesu xpo. Jui gli piaq; obōbrarse nella vergie maria e piliare carne humana e nutritura. Ela dita t̄ra calcare e circōdare con li soi benediti pedi. Jui volse fare molti miracoli predicare e i signare la fede ela lege a nui cristiani como a soi fioli. E i questa terra singularmēte volse portare calesij destrazi e soffrire per nuy molti iproperij. E i questa t̄ra singularmente se uolse fare chiamare re del cielo ede la terra ede laire e de laqua e vniuialmēte de tute le cosse che se ꝯteneno i quelle e luy medesimo se chiamo re per specialitade di quella terra dicendo rex iudeorū per che questa terra era in quel tempo propria de iudei e questa terra santa e si alta fra tute le altre terre como la megliore ela piu virtuosa ela piu degna de questo mondo. Imperzo chi li sono fate queste cosse z e in el mezo loco de tuta la terra del mondo si como dice el philosopho la uertude dele cosse sta nel mezo i quella dignissima terra uolse el re celestiale usare la uita sua z essere derisso e uituperato da li crudeli iudei e uolse sofrire passione e morte per lo amor nostro e per rescoderne e liberarne dale pene de lo iferno e dela oribile e perpetua morte per lo peccato del nostro primo padre Adam et eua nostra madre. Pero che de uerso luy nō hauea ponto meritate malle alchuno impero che luy maie non disse malle nel fece ne pēso. E bene uolse el re de gloria in quelo locho piu che altroue sostenire passione e morte po ch̄ chi uole publicaī alchūa cossa accio che ciascaduno lo sa

a

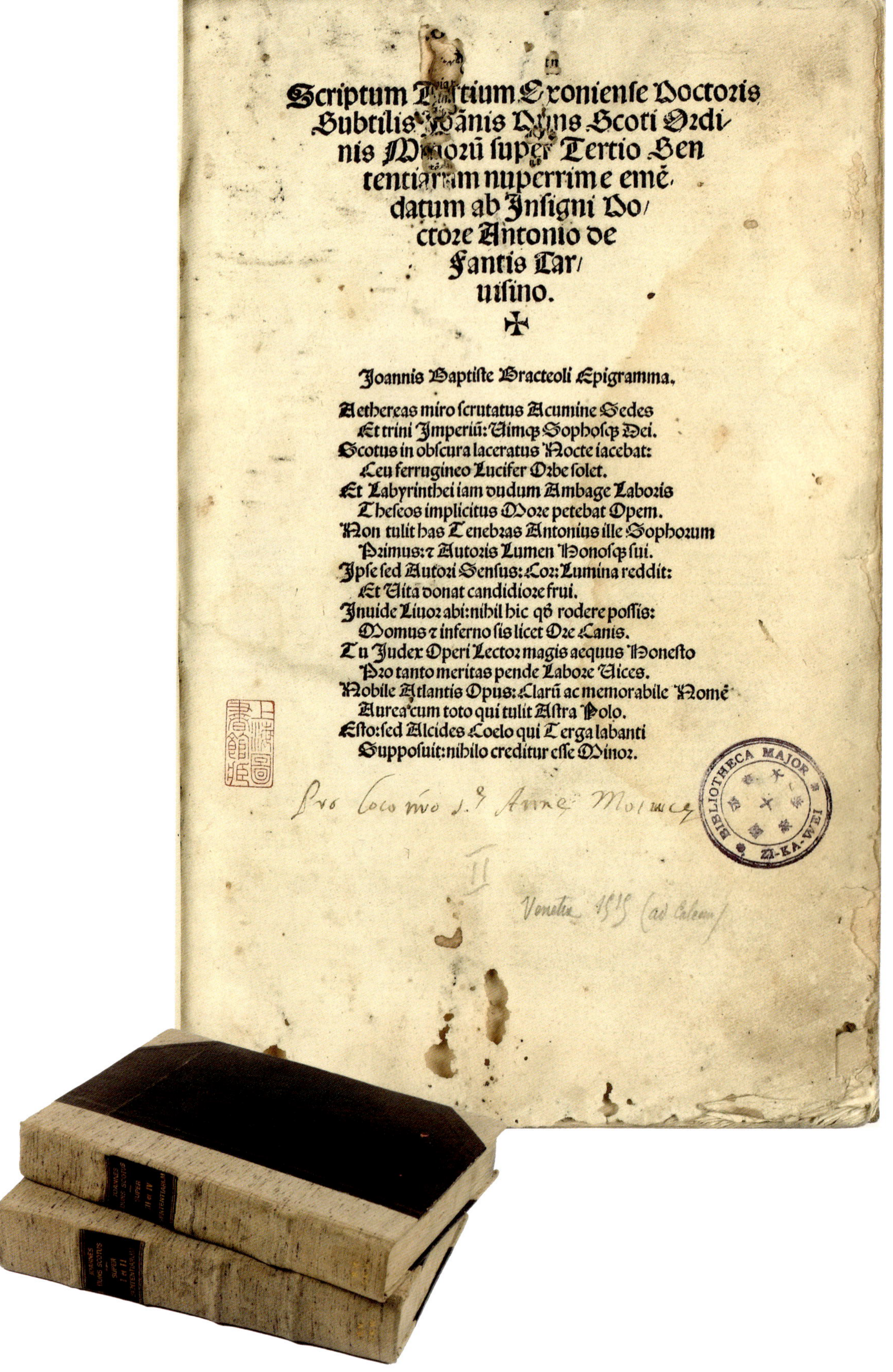

Scriptum T[illegible]rtium Exroniense Doctoris
Subtilis Joãnis Duns Scoti Ordi-
nis Minorū super Tertio Sen
tentiarum nuperrime emē
datum ab Insigni Do-
ctore Antonio de
Fantis Tar-
visino.

Joannis Baptiste Bracteoli Epigramma.

Aethereas miro scrutatus Acumine Sedes
Et trini Imperiū: Vimq; Sophosq; Dei.
Scotus in obscura laceratus Nocte iacebat:
Ceu ferrugineo Lucifer Orbe solet.
Et Labyrinthei iam dudum Ambage Laboris
Theseos implicitus More petebat Opem.
Non tulit has Tenebras Antonius ille Sophorum
Primus: & Autoris Lumen Honosq; sui.
Ipse sed Autori Sensus: Cor: Lumina reddit:
Et Vita donat candidiore frui.
Inuide Liuor abi: nihil hic qd rodere possis:
Momus & inferno sis licet Ore Canis.
Tu Judex Operi Lector magis aequus Honesto
Pro tanto meritas pende Labore Vices.
Nobile Atlantis Opus: Clarū ac memorabile Nomē
Aurea cum toto qui tulit Astra Polo.
Esto: sed Alcides Coelo qui Terga labanti
Supposuit: nihilo creditur esse Minor.

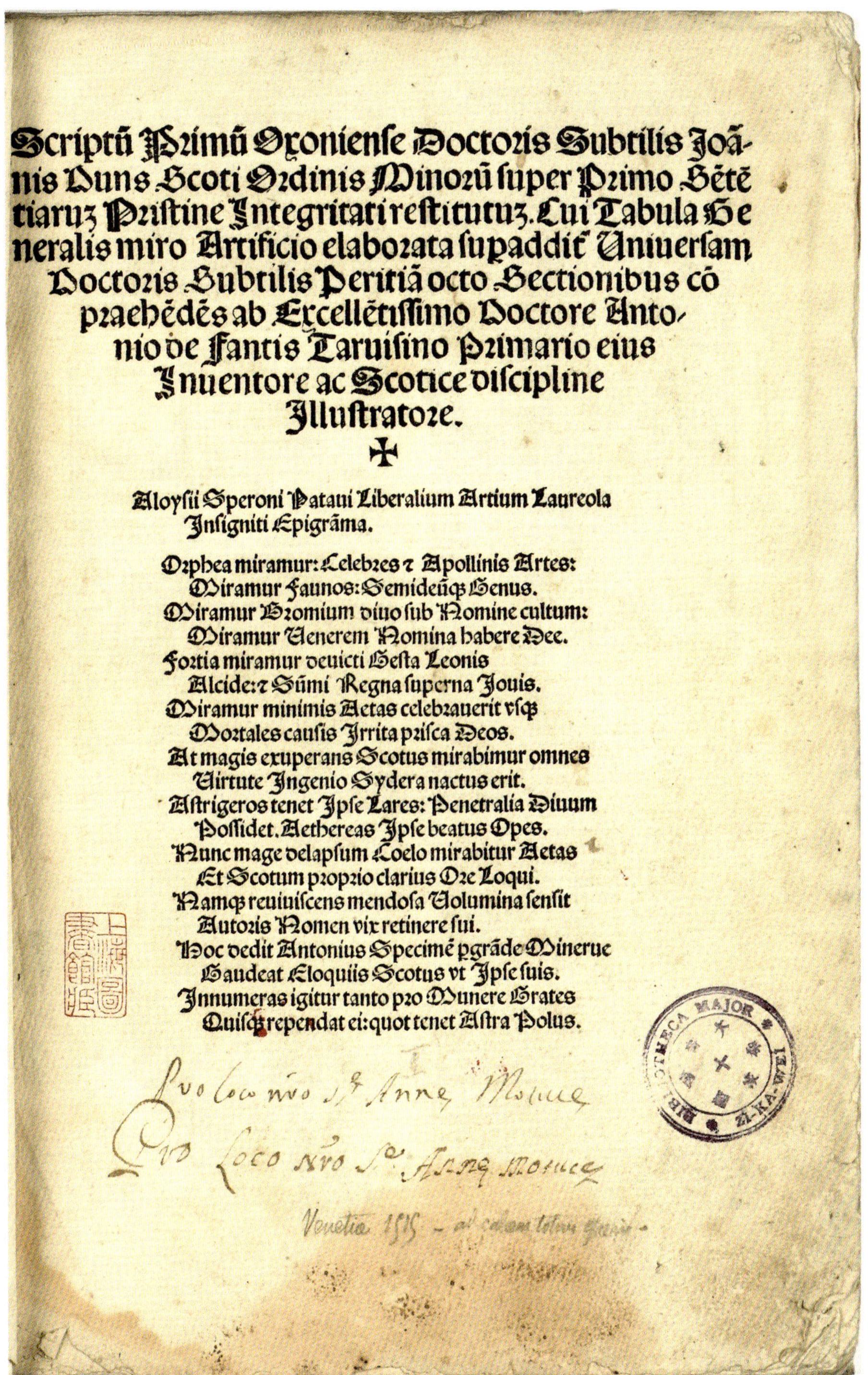

Scriptū Primū Oxoniense Doctoris Subtilis Joānis Duns Scoti Ordinis Minorū super Primo Sētētiaruz Pristine Integritati restitutuz. Cui Tabula Generalis miro Artificio elaborata supadditr Uniuersam Doctoris Subtilis Peritiā octo Sectionibus cōpraehēdēs ab Excellētissimo Doctore Antonio de Fantis Taruisino Primario eius Inuentore ac Scotice discipline Illustratore.

✠

Aloysii Speroni Patavi Liberalium Artium Laureola Insigniti Epigrāma.

Orphea miramur: Celebres & Apollinis Artes:
Miramur Faunos: Semideūq; Genus.
Miramur Bromium diuo sub Nomine cultum:
Miramur Venerem Nomina habere Dee.
Fortia miramur deuicti Gesta Leonis
Alcide: & Sūmi Regna superna Jouis.
Miramur minimis Aetas celebrauerit usq;
Mortales causis Irrita prisca Deos.
At magis exuperans Scotus mirabimur omnes
Virtute Ingenio Sydera nactus erit.
Astrigeros tenet Ipse Lares: Penetralia Diuum
Possidet. Aethereas Ipse beatus Opes.
Nunc mage delapsum Coelo mirabitur Aetas
Et Scotum proprio clarius Ore Loqui.
Namq; reuiuiscens mendosa Volumina sensit
Autoris Nomen vix retinere sui.
Hoc dedit Antonius Specimē pgrāde Mineruae
Gaudeat Eloquiis Scotus ut Ipse suis.
Innumeras igitur tanto pro Munere Grates
Quisq; rependat ei: quot tenet Astra Polus.

《情操四论》

英国哲学家邓斯科蒂著，威尼斯1515年版。该书是罗氏藏书入藏前馆藏出版时间最早的西洋善本。是书为一部中世纪哲学书籍，作者邓斯科蒂吸收了亚里士多德和柏拉图两种因素，建立了一个富有独创性的思想体系，为经院哲学提供了一个新模式。

《论语》

江西建昌 1662 年版。此部拉丁文《论语》是《中华箴言》的后半部。《中华箴言》由欧洲传教士殷铎泽、郭纳爵共同翻译，开启了中国经典西译之先河，它将中国最重要的儒家典籍介绍给西方的知识界。同时，它也是世界上最为罕见的孤本之一。

《汉字西译》

意大利人叶尊孝编著，以拉丁文对汉字进行标音释义，清雍正元年（1723）手抄本，羊皮装。此书是早期汉学家研究中国文字的重要著作。后来法国汉学家小德经的成名作《汉法拉丁字典》以此书为底本，马礼逊编纂《华英字典》时亦曾参考过其中内容。

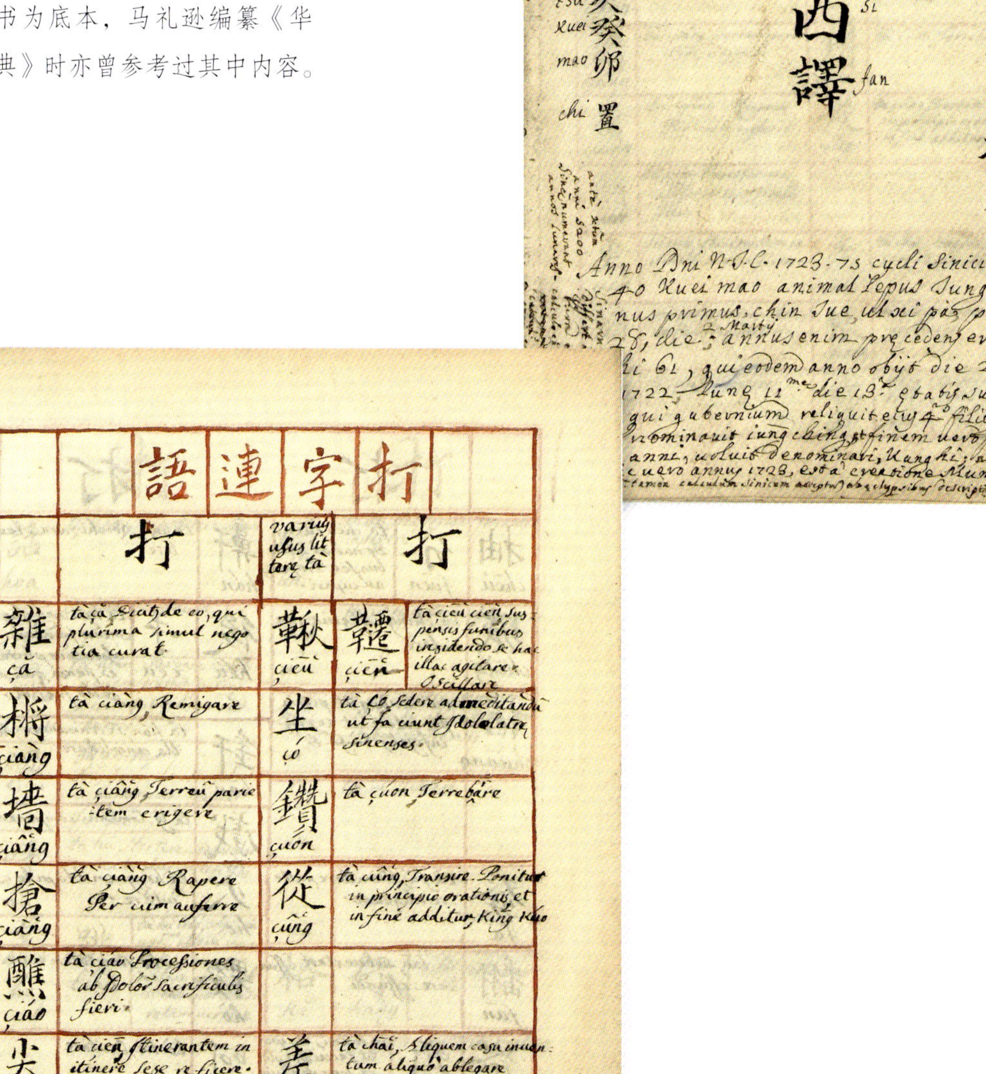

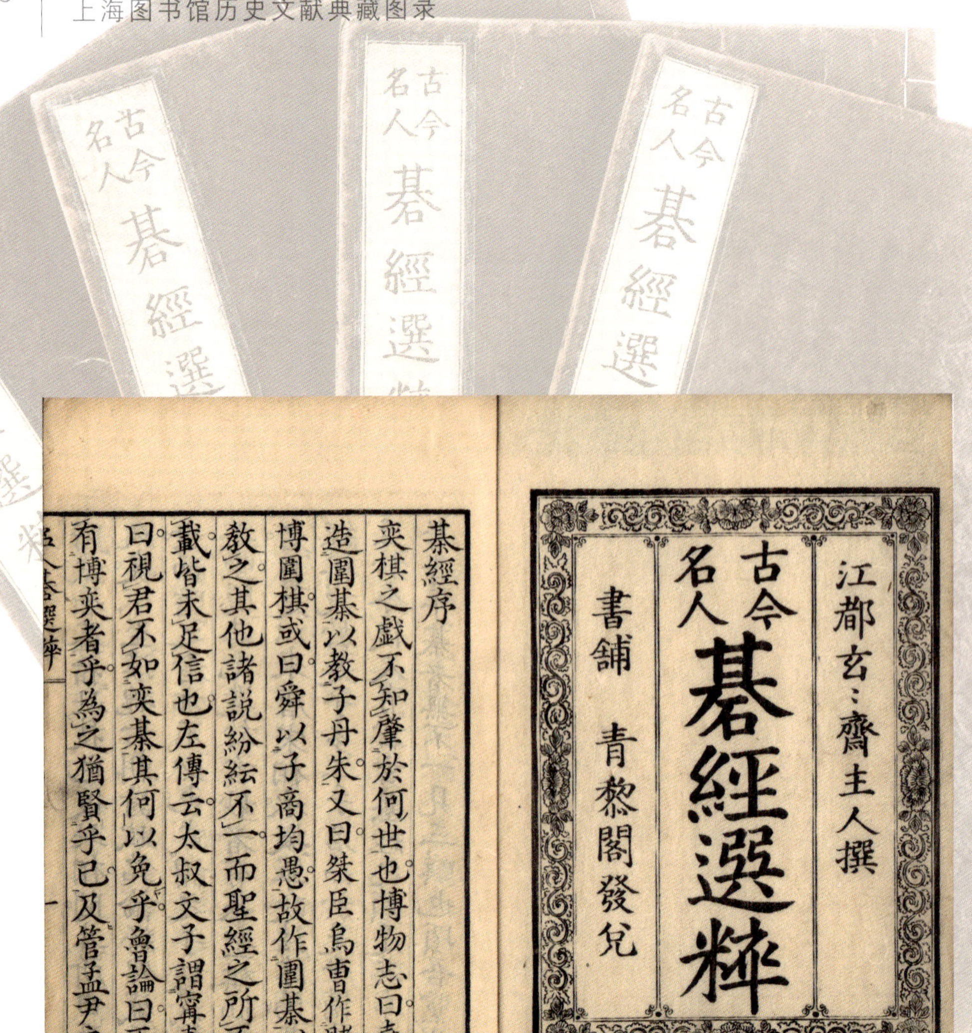

江都玄玄齋主人撰

古今名人碁經選粹

書舖　青藜閣發兌

碁經序

奕棊之戲不知肇於何世也博物志曰堯造圍棊以教子丹朱又曰桀臣烏曹作賭博圍棋或曰舜以子商均愚故作圍棊以教之其他諸說紛紜不一而聖經之所不載皆未足信也左傳云太叔文子謂寗喜曰視君不如奕棊其何以免乎魯論曰不有博奕者乎為之猶賢乎已及管孟尹文

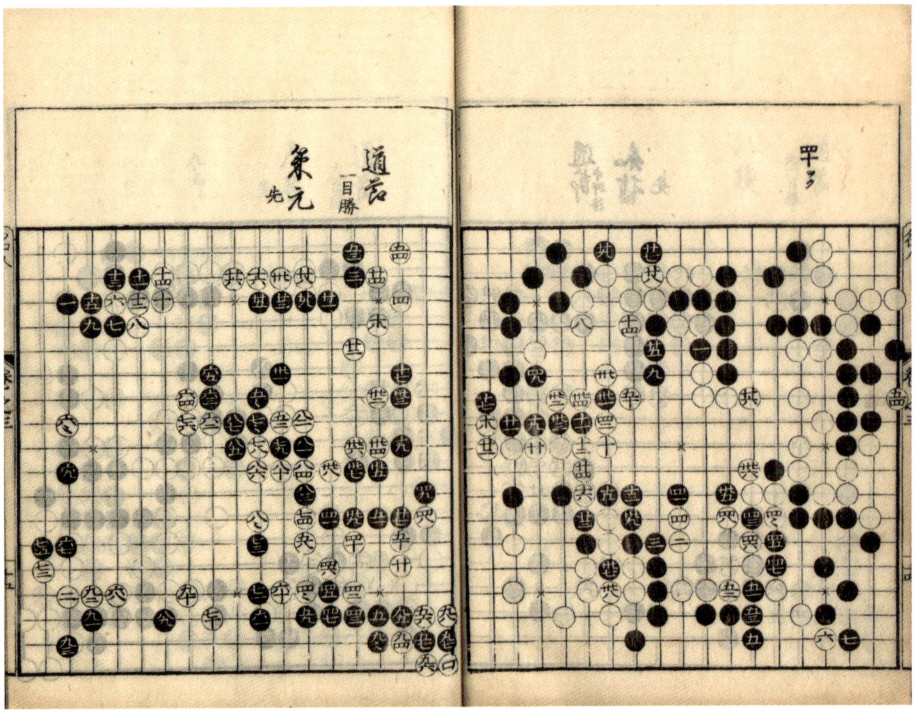

《古今名人碁经选粹：龙、龟、凤、麟》

四卷线装，江都玄玄齋主人撰，青黎阁书铺发兑，南台山人井湛作序。宽政四壬子年(1792)春，由京都胜村治右卫门、大阪大野木市兵卫等销售店发行。是书收日本名人自正保元年(1644)至昭和三年(1928)围棋实战技术图谱96页。

手稿遗珠

Modern Celebrity Manuscripts

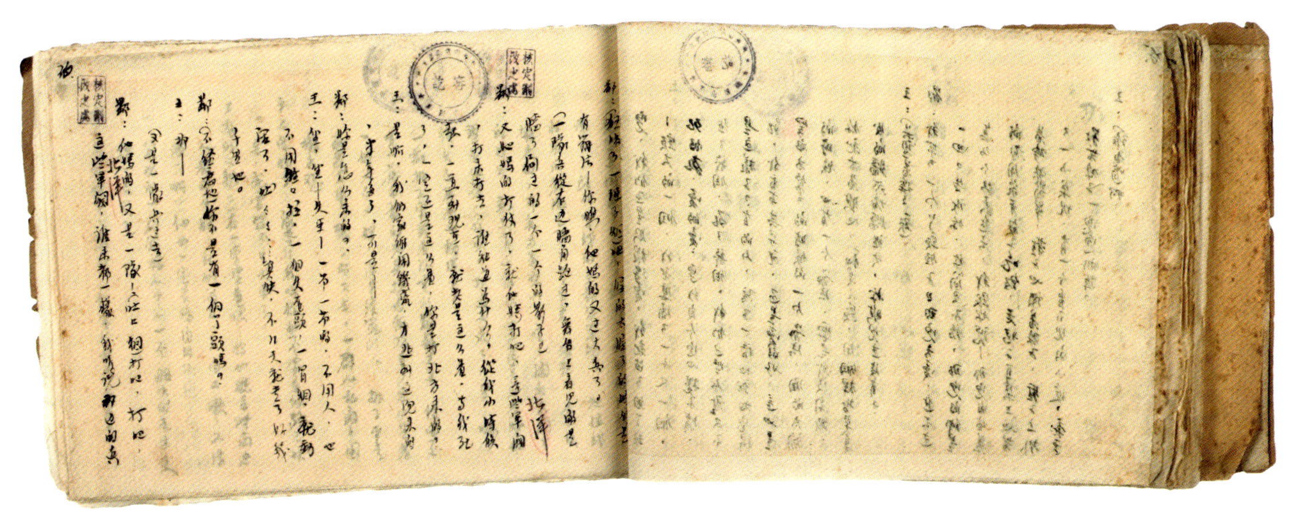

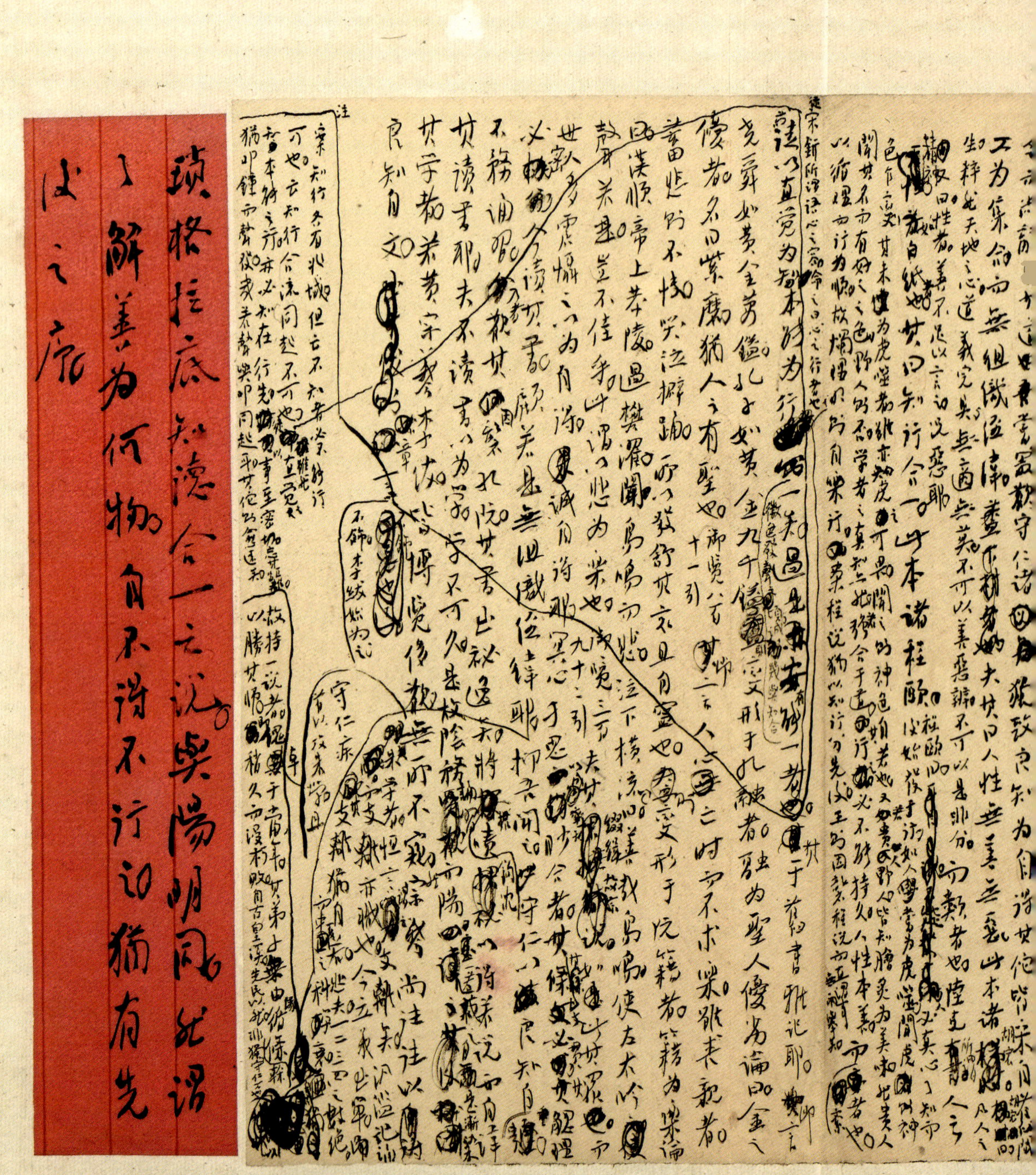
瑣格拉底知德合一之說與陽明同然謂
了解善為何物自不得不行則猶有先

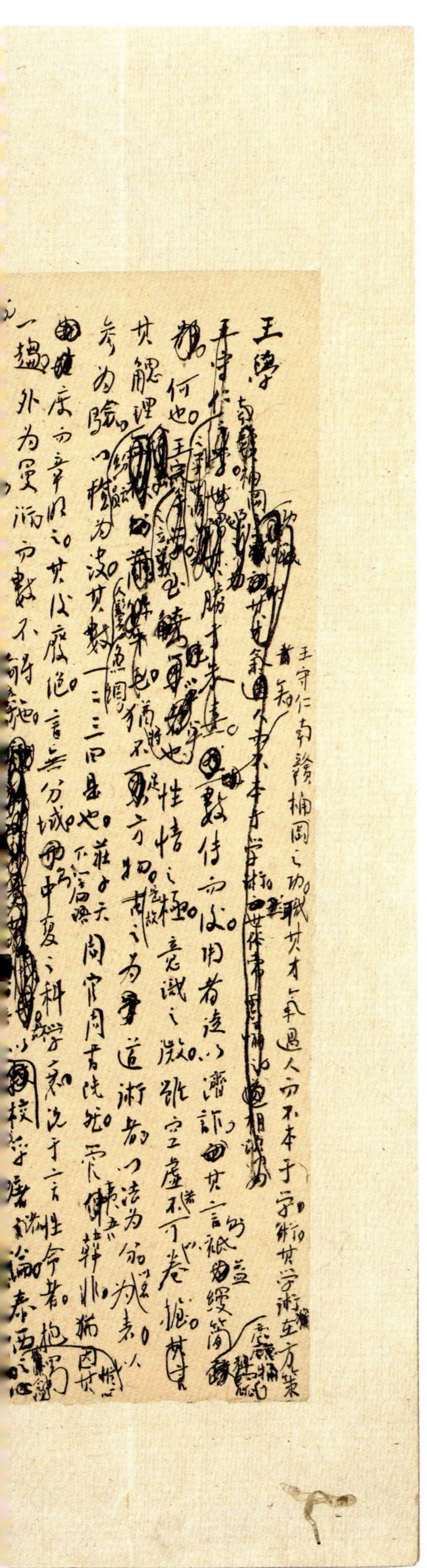

《訄书》

章太炎撰。章炳麟（1869-1936），字枚叔，号太炎，浙江余杭人，国学大师。《訄书》为太炎先生的政论文集，系统表述了政治、经济、教育、法制、宗教及哲学等方面的政治观点，主张反清反列强，首倡光复之说，对当时社会思潮影响深远。是书初刊于1900年，1904年修订重刊，删初刊14篇，新增27篇。是册为修订重刊本残稿，存《尊史》、《原教》、《礼俗》、《通法》、《述图》、《王学》、《颜学》、《消极》、《方言》诸篇。

知堂詩藁

丁卯春

往昔居會稽吾爱东郭门
吾家在城内船步近沈园
出门访親友棹舟發清晨
东行十许里钱山有箬篑
既過皋埠市如至樊江邨

名物松子饅记忆至今存
燒餅曰双酥其價才二文
皋埠市小燒餅樊江松子
糕皆地方名物松子糕大
地厚實与他處绝異燒餅
曰酥者佳名曰双酥燒餅
水程三十里春游正及辰
待得溪上歸天色近黄昏
遥望城门外薜荔如屏雲

往昔續六首之六
東郭门

往昔在越中吾愛河与橋
城中多水路河小劣容舠

《知堂诗稿》

周作人（知堂）手书杂诗线装一册，黄苗子回风宧藏。1956年秋末，周作人感旧追怀，录南京狱中所作五言旧诗《往昔》五首、《儿童杂事诗》七首赠与黄苗子。诗册由许宝骙、舒芜题跋。舒芜赞："以五古独步，兼质素腴润之美，远绍柴桑。" 此跋由扬之水代抄。2012年春，黄苗子家属遵其生前嘱咐专程抵沪将此册捐赠予我馆。

顧的畫夢老年人記起少時的生活也覺得愉快不即是昨夜的事情也要比今日有趣遠並不一定由於甚麼保守實在是因為遠些過去纔經得起我們慢慢地撫摩賞玩就是要加減一兩筆也不要緊遺民的感歎也即屬於此類不過牠還要深切些與白髮宮人說天寶遺事還有點不同或者好比是寡婦的追懷罷澤瀉集蔭谷夢憶序與此差可參看知堂博覽晚年自述則云從前看過的書後來還想拿出來看反復不厭的實在很少大概祇有詩經其中也以國風為主陶淵明集和顏氏家訓而已立春以前藥味其論學詩之效云不佞小時候讀詩經苦不能多背誦瞭解但讀到這幾篇如王風彼黍離離中谷有蓷有兔爰爰唐風山有樞檜風隰有萇楚輒不禁愀然不樂同時亦讀唐詩卻少此種感覺惟垂死病中驚坐起及毋使蛟龍得各章尚稍記得但也祇是友朋離別之情深耳並不令人起身世之感如國風諸篇也興觀羣怨不知何屬而起人感觸則是事實此殆可以說是學詩之效乎夜讀抄談詩是其詩學固高挹國

風衛論百代所謂身世之感蓋略近今語終極關懷則夜船哈喇菩薩蝦殼筍頭湯之屬安知非與谷蓷兔爰山樞萇楚同寄身世之感乎新文學家能舊體詩者大抵工七言律絕知堂則以五古獨步兼質素腴潤之美遠紹柴桑其諄摯懇切又承顏訓所謂詩經陶集顏氏家訓為平生三篤好洵不虛云黃苗子先生以此冊命跋率爾塗鴉遠壞寶冊二紙爰求揚之水博士法楷為代博士新証詩經名物夙好苦雨文章實契所同庶幾惠諾以救窘迫 辛巳十月廿四舒蕪記 壬午正月初一揚之水代

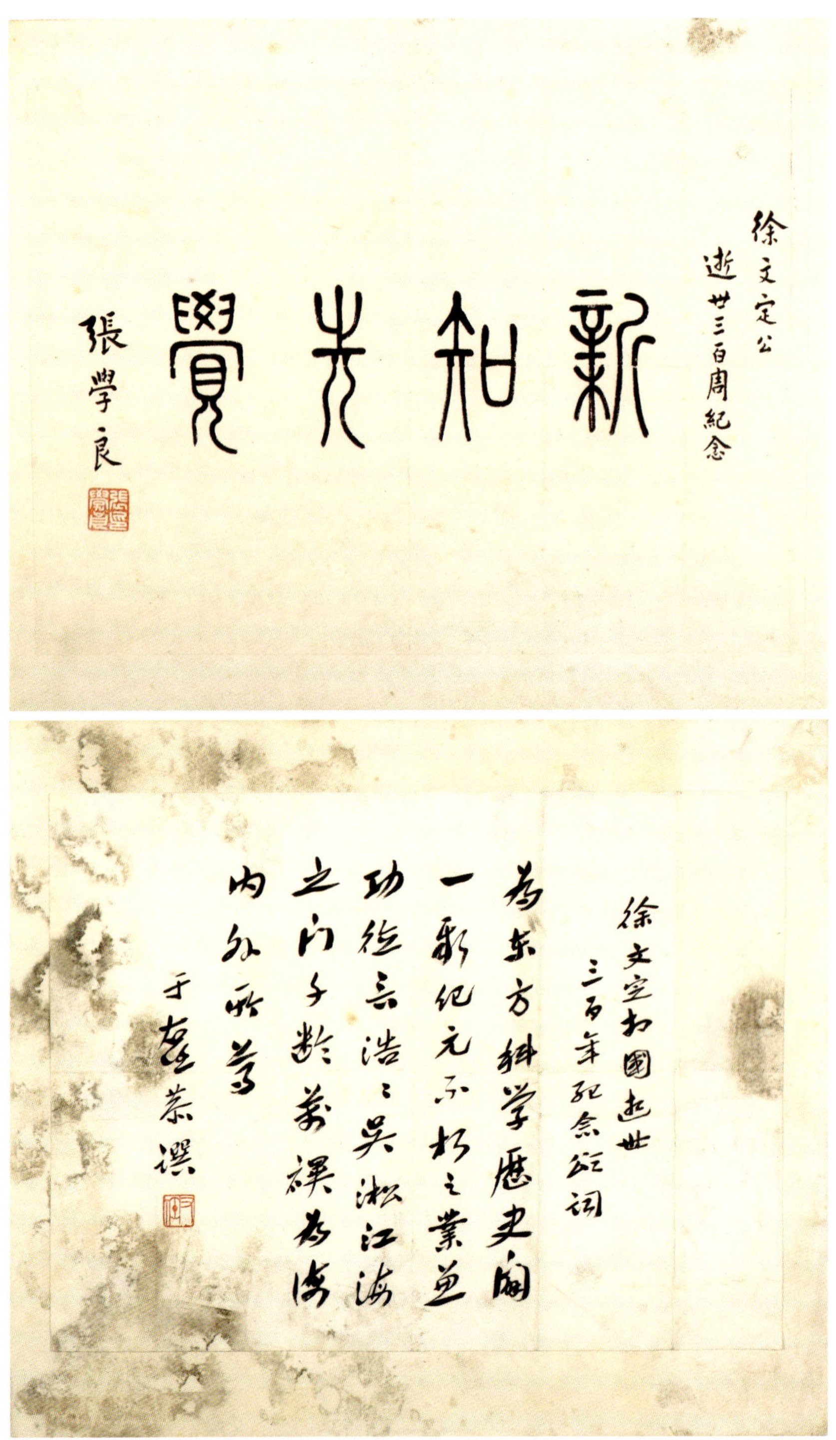

《徐光启逝世三百周年纪念册》

此稿收入 1933-1941 年间，蒋介石、张学良、于右任、蔡元培、张元济等 79 位军政要员、学界名流为徐光启（1562-1633，谥文定）逝世三百周年纪念所作题咏手迹，部分曾刊载于《徐文定公逝世三百年纪念文汇编》（1934 年上海圣教杂志社出版）。

吾人不能忘徐文定介紹科學之功

徐文定固以提倡加特力教之功為教會所崇拜而其介紹科學之功亦有不可沒者其所介紹範圍頗廣自算學曆法天文水利以至工藝兵器均有所譯述使繼起有人鍥而不舍則自明季以迄清季此二百數十年中歐洲科學家之所發見與發明早已傳播於我國奚必待製造局成立以後始有少數之譯本且待最近三十年始有大量之輸入耶然使非文定創始於三百年以前則最近時期之傳譯殆亦不能有是之容易故文定介紹科學之功吾人不能忘也

蔡元培 廿二年三月 日

徐文定公三百年紀念冊書後

景教流行碑石可考而天主教入中國最早天主教之有教堂建於前明之燕都輦轂地亦最先最早其事實自上海徐文定公成之公於未通籍前即與法人利瑪竇遊既登朝不數年即成建立教堂之功而西學東漸凡天文厤算格致製造諸大端皆由公引賢贊治盛極一時清初諸儒精天文厤算得窺西來法者何莫非公所餉遺

公生於上海自明至有清海通時代而上海一地遂為西學傳習之總匯迄今又幾及百年上海更成為中國與歐美各國溝通文化之中樞烏乎此則大上海之建設雖謂公在二百餘年前即已播其種而造其因焉可矣公既有功於鄉如是之久且遠抑亦有功於全中國方興未艾豈不偉歟故讀此紀念冊不禁低徊景仰而不置也海鹽張元濟謹撰

《大地》

长篇小说《大地》，美国女作家赛珍珠原著，1938年获诺贝尔文学奖。黄宗江1942年在上海改编为五幕话剧，次年三月上演于兰心大戏院，朱端钧导演。1943年，黄宗江在重庆修改后谋求出版，遭当局中央戏剧电影审查所大肆删改后未果。上图所藏为黄宗江送审原稿。

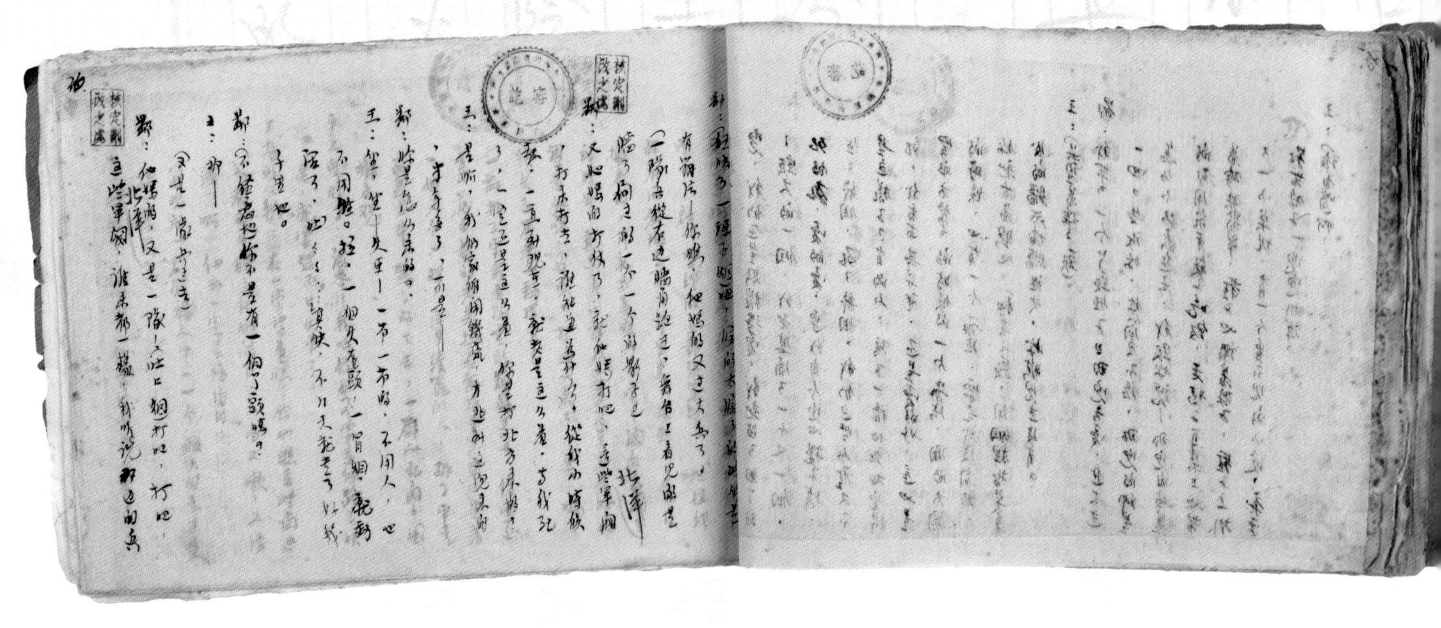

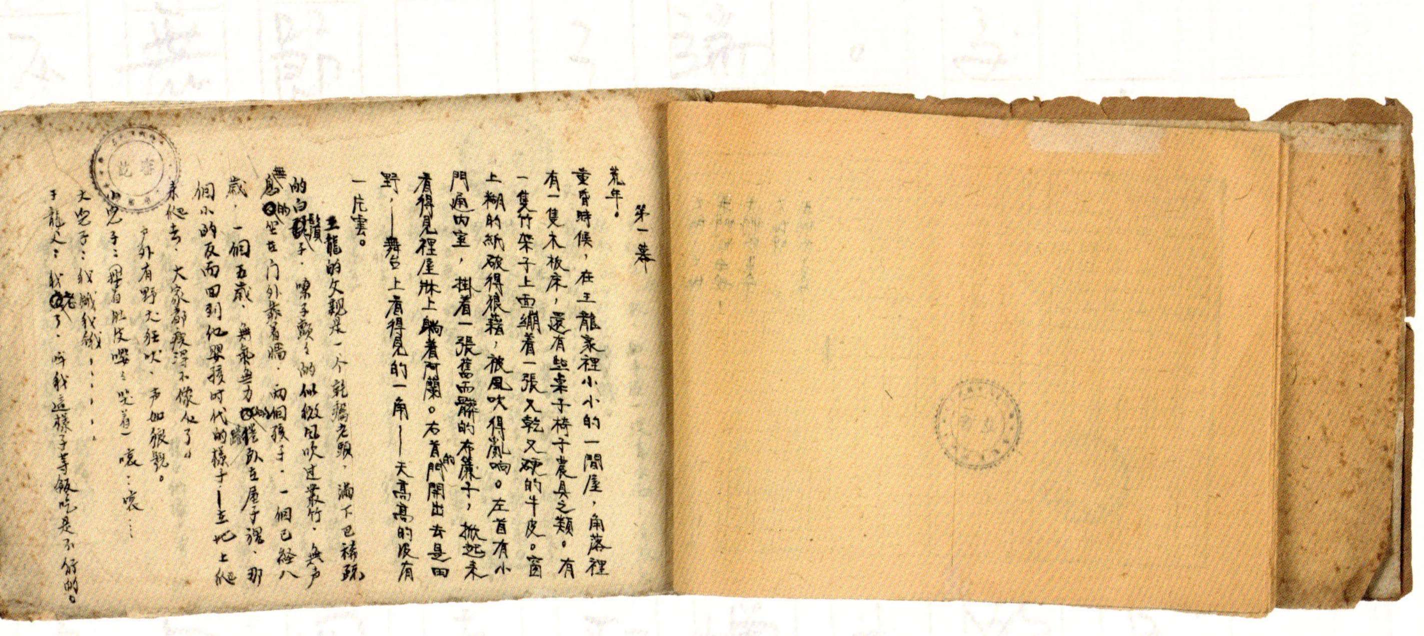

第一幕

荒年。

黄昏時候，在王龍家裡小小的一間屋，角落裡有一隻木板床，還有些桌子椅子農具之類。有一隻竹架子上面綳着一張又乾又硬的牛皮。窗上糊的紙破得很舊，被風吹得亂响。左首有小門通內室，掛着一張舊而髒的布簾子，掀起來看得見裡屋牀上躺着阿蘭。右首門開出去是田野，——舞台上看得見的一角——天高高的沒有一片雲。

王龍的父親是一个乾瘦老頭，滿下巴稀疏的白鬍子，喉子鼓鼓的似微風吹过叢竹，無聲無息的坐在门外嘆着喘。兩個孩子，一個已經八歲，一個五歲，無氣無力的躺臥在屋子裡，那個小的反而回到他嬰孩时代的樣子——在地上爬來爬去，大家都瘦得不像人了。

户外有野风狂吹，声如狼號。

小兒子：（撫着肚皮嚶嚶哭着）噯噯……噯……

大兒子：餓……餓餓……

王龍父：我老了，……你我這樣子等飯吃是不行的。

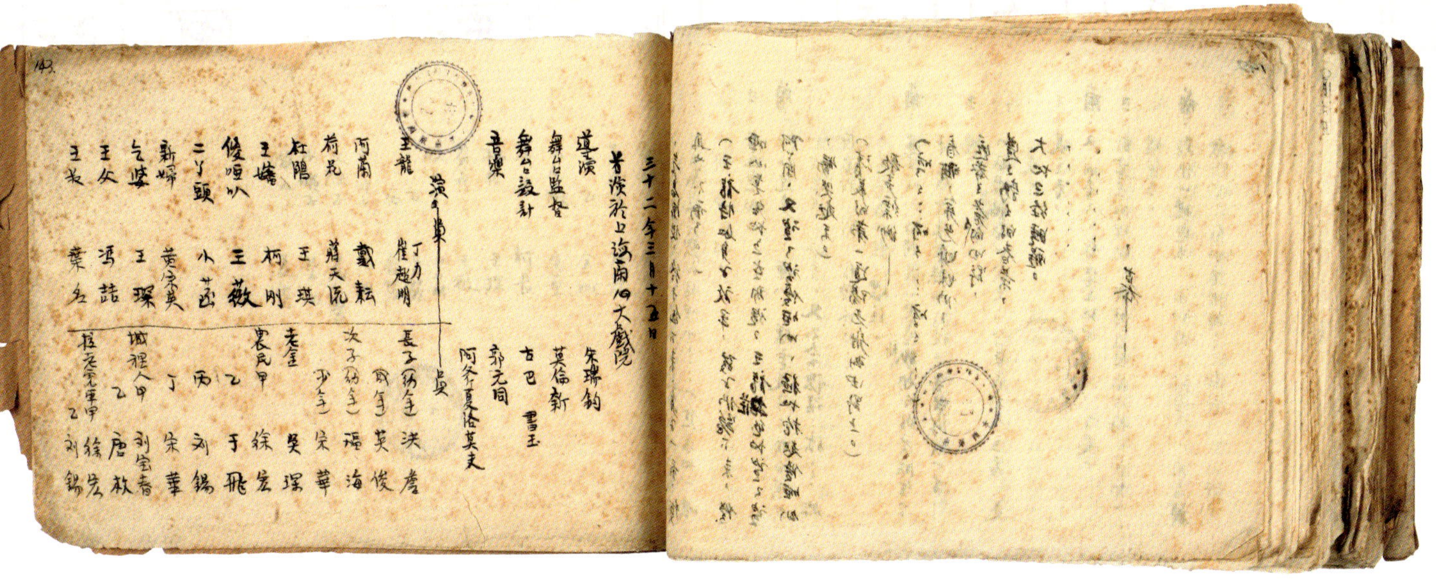

三十二年三月十五日

首演於上海蘭心大戲院

導演 朱瑞鈞

舞台監督 莫偷新

舞台設計 古巴

音樂 雷玉

郭元同

阿爷夏洛莫夫

演員表

王龍 丁力 崔超明

阿蘭 戴耘

荷花 蔣天流

杜鵑 王琪

王嬸 柯刚

侯喧叭 王薇

二丫頭 小蕊

新婦 黄宗英

乞婆 王琛

王父 馮喆

王叔 葉名

長子（幼年） 洪彦

（成年） 莫俊

次子（幼年） 福海

（少年） 宋華

老全 吳琛

農民甲 徐宏

乙 于飛

丙 刘錫

丁 宋華

城裡人甲 刘宝香

乙 唐秋

拉老虎車甲 徐宏

乙 刘錫

书票珍藏

Ex-libris

“中国神舟五号首次载人飞行成功纪念”藏书票

徐龙宝创作的“中国神舟五号首次载人飞行成功纪念”藏书票于2003年10月15日至16日随“神舟”五号载人飞船升空运行21小时。票上有飞船设计、指挥人员刘竹生、戚发轫、袁家军、黄春平签名。附公证书。这是世界上首张图书馆收藏的载人飞船搭载的藏书票，由本纪念藏书票策划单位之一的贝塔斯曼文化公司捐赠本馆。

公　证　书

中华人民共和国北京市公证处

标识分两部分，一部分粘贴在藏书票模板和藏书票背面，另一部分粘贴在本公证书左下方。

兹证明“神舟”五号载人飞船返回舱开舱时搭载藏书票模板及藏书票的C包装袋封装情况良好，封条完好无损；并证明带有“中国航天报”字样及“5021”编号辨别标识的藏书票为“神舟”五号载人飞船搭载物之一。

中华人民共和国北京市公证处

公　证　员

二〇〇三年十一月二十五日

XI06473500

图书在版编目（CIP）数据
典册琳琅：上海图书馆历史文献典藏图录 / 上海图书馆编 . -- 上海：上海古籍出版社，2012.7
ISBN 978-7-5325-5186-6

Ⅰ.①典… Ⅱ.①上… Ⅲ.①历史－文献－汇编－中国 Ⅳ.① K204

中国版本图书馆 CIP 数据核字 (2012) 第 146636 号

责任编辑：吴旭民　孙晖
装帧设计：吴均卿
技术编辑：王建中

典册琳琅
上海图书馆历史文献典藏图录
上海图书馆　编
上海世纪出版股份有限公司 上海古籍出版社 出版
（上海瑞金二路 272 号　邮政编码 200020）
网　址：www.guji.com.cn
E-mail：guji1@guji.com.cn
易文网：www.ewen.cc
上海世纪出版股份有限公司发行中心发行经销
上海界龙艺术印刷有限公司印制
开本 787×1092　1/16　印张 9.5　字数 100,000
2012 年 7 月第 1 版　2012 年 7 月第 1 次印刷
印数：1-1,300
ISBN 978-7-5325-5186-6/Z.420
定价：160.00 元
如发生质量问题，请与承印公司联系